Das Buch

Sachbearbeiter in den Versicherungen haben viel zu tun und müssen oft schwerwiegende Entscheidungen treffen, aber gelegentlich dürfen auch sie schmunzeln, wenn ihnen kuriose und skurrile Fälle auf den Schreibtisch flattern, wie zum Beispiel der fliegende Kürbis. Oder der Daumen, der Rente erhielt. Oder die feuerspeiende Kuh. Sie meinen, das sei kaum zu glauben? Dann lesen Sie selbst! Und bedenken Sie: Schadenfreude ist doppelte Freude, zumindest für die Außenstehenden.

Der Herausgeber

Bernd Ellermann, geboren am 20. Dezember 1939 in Karlsruhe, ist Journalist und Dipl.-Kaufmann und seit über zwanzig Jahren in der Öffentlichkeitsarbeit des Assekuranzwesens tätig. Sein Hobby: das Sammeln von Stilblüten und komischen Geschichten. Weitere Werke u. a.: ›Ihr Computer hat mir ein Kind zugelegt‹ (1986), ›Globetrottel sucht Urlaubspartnerin‹ (zusammen mit Uta Ellermann, 1990).

Der fliegende Kürbis und andere kuriose Versicherungsfälle

Herausgegeben von Bernd Ellermann
Mit Zeichnungen von Jules Stauber

Deutscher
Taschenbuch
Verlag

dtv

Von Bernd Ellermann
sind im Deutschen Taschenbuch Verlag erschienen:
Ihr Computer hat mir ein Kind zugelegt (10596)
Globetrottel sucht Urlaubspartnerin (11171; zusammen mit Uta Ellermann)

Weitere Stilblütenbände:
Es fängt damit an, daß am Ende der Punkt fehlt (962)
Sehr geehrter Herr Firma! (1160)
Zeugen liegen bei (1226)
Da trat der Staatsanwalt ins Protokoll (10239)
Die Schule wird von einem Reaktor geleitet (10441)
Wegen Eröffnung geschlossen (10695)
Die Benachteiligung erfolgt durch die Post (10911)
... und fordere mein Geld zurück. So beschweren sich Touristen (11123)

Originalausgabe
Januar 1992

Umschlaggestaltung: Jules Stauber
Gesamtherstellung: C. H. Beck'sche Buchdruckerei, Nördlingen
Printed in Germany · ISBN 3-423-11508-4

Bruchrekord: Ein Berliner Einbrecher stieg in über 6000 Wohnungen ein. Der Täter konnte sich an 2039 Brüche genau erinnern. Gesamtschaden: über 10 Millionen DM.

John Gabriel war in Washington in einen Verkehrsunfall verwickelt. Er stieg aus dem Wagen, zückte seine Brieftasche und wartete, bis der herangeholte Polizist kam. Augenblicke später entrissen ihm zwei Unbekannte die Brieftasche, die außer den Papieren auch noch rund 1000 Dollar Bargeld enthielt, und verschwanden.

Zu einem Schoßhund wider Willen wurde ein Bernhardiner südlich von Bern. Er sprang von einem Lastwagen auf das Schiebedach eines Kleinwagens. Das Dach brach durch – und der Fahrer, der gerade starten wollte, hatte plötzlich den riesigen Hund auf dem Schoß. Vor Schreck fuhr er krachend auf den parkenden Vordermann auf.

Genau 40 Nächte lang schlief Gino Quaglia, der Inhaber eines Textilgeschäftes in Rom, aus Furcht vor Dieben auf einem Notbett in seinem Laden. In der 41. Nacht gönnte er sich einmal einen richtigen Schlummer im häuslichen Bett. Als er morgens ins Geschäft kam, mußte er feststellen, daß Einbrecher den gesamten Laden ausgeräumt hatten.

Auf einem holländischen Bauernhof konnte eine Kuh die Magensäure nicht mehr auf dem natürlichen Weg loswerden und blähte auf. Der herbeigerufene Tierarzt wollte ihr mit einer Sonde helfen. Um sich vom Erfolg seiner Behandlung zu überzeugen, hielt er ein brennendes Feuerzeug ans Maul der Kuh, wobei sich das Methan enthaltende Magengas entzündete. Die erschreckte Kuh raste feuerspeiend durch den Stall und steckte Heu und Stroh in Brand, der schließlich den ganzen Bauernhof in Asche legte. Die Versicherung zahlte, doch die Kuh gab fortan keine Milch mehr.

Craig Chocich aus Dearborn/USA kassierte eine Menge Dollars, weil er einen anderen Mann mit 29

Messerstichen niedermetzelte. Noch aus dem Gefängnis heraus reichte er Klage ein, das Gericht möge feststellen, daß ihn die Folgen eines Autounfalls brutal gemacht hätten. Danach gewann er den Prozeß gegen die Versicherung, die ihm den Verdienstausfall für seine Haftzeit erstatten mußte.

Geradezu legendär ist der Versicherungsfall eines Dorfbewohners im süddeutschen Raum, der von seinen Erlebnissen mit dem geplanten Bau eines Hühnerhauses berichtete. Er schrieb an seine Unfallversiche-

rung: »Ich wollte die im Speicher gelagerten Steine verwenden. Der Speicher hatte an der Hauswand eine Tür, woraus ich einen Balken verankerte und daran ein Bälkchen mit einer Rolle, wodurch ich ein Seil laufen ließ. An dem Seil hatte ich eine Holzkiste befestigt, die ich dann hinaufzog. Unten war das Seil an einem Pflock festgebunden. Dann bin ich hinaufgegangen und habe die Steine in die Kiste geladen. Dann bin ich wieder hinunter gegangen und wollte die Steine in der Kiste an dem Seil langsam herunterlassen. Ich band das Seil los, hatte aber nicht daran gedacht, daß die Steine in der Kiste schwerer waren als meine Person. Ich hielt das Seil ganz fest, damit die Steine nicht hinunterstürzten, aber die zogen mich an dem Seil nach oben, wobei mir die Kiste die linke Schulter aufgerissen hat, als wir uns in der Mitte begegneten. Oben bin ich dann mit dem Kopf an den Balken geknallt. Trotzdem hatte ich aber das Seil festgehalten, damit ich nicht herunterfalle. In demselben Augenblick ist aber die Kiste mit den Steinen unten am Boden angelangt und brach durch den heftigen Aufprall auseinander. So konnte es geschehen, daß die Kiste wieder leichter wurde als ich. Die Folge davon war, daß ich, nun der schwerere Teil, wieder nach unten sauste und die Umrandung der Kiste nach oben, wobei wir uns wieder in der Mitte begegneten. Dabei schrammte mir der Kistenrest die andere Schulter. Als die Kiste oben war, fiel ich unten so unglücklich auf den Boden, daß ich mir ein Bein brach und sofort in Ohnmacht fiel. Nur dadurch konnte es geschehen, daß ich das Seil losließ, was wiederum bewirkte, daß die Kiste, allerdings ohne Boden, wie eine Birne von oben auf mich herabfiel und mich so unglücklich traf, daß ich demnächst oben und unten ein neues Gebiß angepaßt bekomme.«

Auf dem Oktoberfest in Clarksville (Tennessee) stand der alljährliche Höhepunkt an: das Salutschießen mit der Knödelkanone. Das Uraltgeschütz aus dem Bürgerkrieg wurde mit Semmelknödeln geladen und krachend abgefeuert. Aber: Ein Knödel gelangte in die Düse eines tieffliegenden Phantomjägers, der zur Notlandung gezwungen wurde. Die Airforce verlangte 200 000 Dollar Schadenersatz.

In Miami verwechselte ein schlaftrunkener Urlauber ein Moskito-Bekämpfungsmittel mit einer roten Farbsprühdose. Als es hell wurde, sah er in seinem Hotelzimmer nur noch rot – erst recht, als er später die Schadenersatzforderung erhielt.

Mr. und Mrs. Coheb, aus Vermont, die bei Freunden auf einer Party weilten, erhielten spät nachts den Anruf eines Unbekannten: »Ihre Kinder toben in der Wohnung herum. Die Badewanne wäre fast übergelaufen, wenn ich nicht den Hahn abgedreht hätte, und den Hund habe ich aus dem Eisschrank befreit. Seien Sie nur froh, daß ich ein anständiger Einbrecher bin!«

Ein junger Autofahrer aus Tirol nahm eine Anhalterin mit. Nach wenigen Kilometern gab es eine Panne.

Doch der herbeigerufene Abschlepp-Dienst kam erst nach Stunden – in der Nacht. Einige Monate später erhielt der junge Mann einen Brief seiner damaligen Begleiterin, der ein freudiges Ereignis ankündigte. Worauf der Pannenfahrer das Abschleppunternehmen bzw. dessen Haftpflichtversicherung zur Ersatzleistung heranziehen wollte. Seine Begründung: »Wenn die Pannenhilfe früher eingetroffen wäre, hätte sich nichts ereignen können ...«

Ein 80jähriger Darmstädter meldete den Verlust seines Autos bei den zuständigen Stellen. Nach sieben Wochen kam heraus, daß der Wagen keineswegs gestohlen wurde. Der Rentner hatte sein nagelneues Auto im Wert von 45 000 DM mitten in Frankfurt abgestellt und konnte sich nur nicht mehr an den Parkplatz erinnern.

Ein Oberstdorfer Bürger hörte aus einem offenen Fenster laute Hilferufe und verständigte die Polizei. Diese raste mit Martinshorn und Blaulicht an den Tatort. Dort stellte sich heraus, daß eine Urlauberin aus dem wackligen Kleiderschrank einen Rock holen wollte. Der Schrank fiel um und begrub die Frau unter sich, die leicht verletzt wurde. Ihr Ehemann hatte sie allerdings längst aus der mißlichen Situation befreit.

Die teuerste Pause seines Lebens machte ein Rentner aus Kaiserslautern in Thüringen: Weil er dringend mal mußte, hielt er auf einem Rastplatz und schlug sich in die Büsche. Währenddessen wurde ihm vom Beifahrersitz seines nicht abgeschlossenen Mercedes eine Plastiktüte mit fast 100000 DM gestohlen. Kein Versicherungsschutz!

Ein Ehemann in Toronto kletterte in den Kamin seines Hauses, weil er seine Frau belauschen wollte, von der er glaubte, sie betrüge ihn mit seinem Nachbarn. Die empörte Frau merkte es und entzündete ein großes Feuer. Erheblich angesengt wurde der grundlos eifersüchtige Mann von der Feuerwehr aus dem Kamin gezogen.

Ein bankrotter Geschäftsmann versandte ein hochversichertes Wertpaket, in dem sich angeblich eine wertvolle Perlenkette befand. Statt dessen war eine lebende Maus drin, die, so war der Plan, während des Transportes das Paket durchknabbern und fliehen sollte.

Durch das Loch hätte die Kette rausgerutscht sein können. Doch die Spekulation ging schief, weil die geschockte Maus unterwegs starb …

Ed Gilroy aus Idaho hatte auf der Pirsch ein Reh geschossen und ging zurück zu seinem Wagen, um einen Strick zu holen. Er fand das Fahrzeug aufgebrochen. Funksprechgerät, Kamera, Reisekoffer waren verschwunden. Verärgert warf Ed seine Flinte auf die Polster und ging zurück zu seiner Jagdbeute. Doch diese war ebenfalls verschwunden. Nun, außer sich vor Wut, raste der Unglückliche zu seinem Auto, aber auch das war schon weg.

»Sie werden es nicht glauben, aber es ist wahr« – mit diesen Worten beginnt eine Schadenmeldung an einen baden-württembergischen Versicherer. O-Ton: »Am 24. 5. duschte sich meine Freundin bei mir. Hierbei spritzte ihr etwas Wasser in die Augen und sie war gezwungen, die Kontaktlinse herauszunehmen. Sie rief nach mir und bat mich, die Kontaktlinse abzunehmen. Da ich schmutzige Hände hatte und bei ihr schon oft gesehen hatte, daß sie diese in den Mund nahm, tat ich kurzerhand dasselbe. Aber ich zog wohl zuviel Luft ein, denn die Kontaktlinse rutschte mir gleich bis in den Rachen. Der Schreck war natürlich groß. Zu allem Übel hatte sich die Linse irgendwo im Halse festgesaugt. Würgen, Gurgeln, sie mit dem Finger zu retten – alle Versuche waren vergebens. Inzwischen wird sie von meinem Verdauungsapparat verarbeitet …«

Ein junger Italiener wollte in den Dolomiten auf nächtlicher Straße einen geblendeten Hasen mit den Autorädern erlegen. Er erwischte zwar sein Opfer, konnte es aber nach dem Aussteigen nicht finden. Dafür setzte sich der haltende Wagen, dessen Handbremse nicht mehr richtig funktionierte, in Bewegung und stürzte in eine 100 Meter tiefe Schlucht.

Eine schlafende Katze hatte sich in der türkischen Stadt Izmir in einem Bankgebäude ausgerechnet auf einem Alarmknopf schlafengelegt. Auf den Dauerton eilten scharenweise Polizisten mit Waffen zum »Tatort«. Bankangestellte und Kunden lagen hinter dem Tresen und auf dem Fußboden in Deckung. Die Bewaffneten pirschten sich vorsichtig an den Schauplatz heran – bis sie die Ursache erkannten.

Einem Supermarkt-Angestellten fiel ein Tiefkühl-Hähnchen aus der Hand und einem Kunden auf den Fuß. Es entstand ein Wortgefecht. Dann bewarfen sich die beiden Streithähne so lange mit Eisbomben, bis der Angestellte über ein gefrorenes Hühnchen stolperte – und sich ein Bein brach. »Selbst schuld«, meinte die Versicherung und zahlte nicht.

In South Zaneville/USA knackten Einbrecher den Tresor eines großen Warenhauses, 5000 Dollar und eine große Menge Wertpapiere waren ihre Beute. Aus den Unterlagen suchten sie die Police der Versicherung gegen Diebstahl heraus und legten sie »mit freundlichen Grüßen« auf den Tisch des Direktors.

Auf der Autobahn Stuttgart-München bedrängte ein 33jähriger Angestellter auf der linken Fahrspur einen vor ihm fahrenden PKW. Trotz Auto- und Lichthupe wich dieser nicht auf die rechte Spur. Aus Wut riß der Angestellte das Lenkrad herum und fuhr seinen Wagen mit hoher Geschwindigkeit frontal gegen die Mittelleitplanke. Damit nicht genug: Nachdem er unverletzt aus dem Autowrack geklettert war, schlug der wütende Fahrer auch noch die heilgebliebenen Scheiben seines Wagens ein (kein Versicherungsschutz!).

Bei dem Versuch, seine Hose in der Badewanne mit Benzin zu reinigen, erlitt ein 30 Jahre alter Mann aus Ingelheim gefährliche Verbrennungen. Er hatte in der Wanne Benzin und Wasser gemischt, um die Hose darin zu waschen. Als er den Warmwasserboiler anstellte, führte die starke Gasflamme zu einer Explosion.

Ein 19jähriger Student wollte in einer alten Friteuse Hähnchenteile zubereiten. Er stellte das Gerät auf den Herd, schaltete es ein und ging ins Wohnzimmer. Wenig später explodierte die Friteuse, die Küche brannte, die Wohnung war verwüstet. Schaden: 82 000 DM. Die Versicherung meinte zunächst, der Student habe den Brand fahrlässig verursacht. Sein Gegenargument: Er sei im Umgang mit einer Friteuse nicht so erfahren wie zum Beispiel eine Hausfrau. Deshalb treffe ihn kein Verschulden. Der Richter gab dem Studenten recht.

Wegen eines Verkehrsunfalls erhielt ein Inder von einer Versicherungsgesellschaft monatlich bis ans Lebensende eine Rentenzahlung. Das Geld ging per Scheck ein. Da der Mann nicht schreiben konnte, mußte er den Empfang des Schecks mit seinem Daumenabdruck bestätigen. Als der Mann schließlich

starb, fiel es der Familie schwer, auf die regelmäßige Geldeinnahme zu verzichten. Bevor die Leiche bestattet wurde, schnitt man ihr den Daumen ab und legte ihn in eine Formaldehydlösung. Dort blieb er erhalten und konnte für mehr als zwei Jahre zur Quittierung des Scheckeingangs benutzt werden.

Ein ausgewachsenes Wildschwein hatte in der Lothringer Gemeinde Oeutrange eine ganze Wohnung verwüstet und sich dann ins Bett der 45jährigen Wohnungsinhaberin gelegt. Ein schnell herbeigerufener Feuerwehrmann erlegte schließlich das unternehmungslustige Tier.

Als sich in San Francisco ein cable car selbständig gemacht hatte und gegen einen Leitungsmast geprallt war, verlor Gloria Sykes die Kontrolle über ihren Sexualtrieb. Wegen »psychischer Schäden« erkannte ein Gericht »Schmerzensgeld« von 50000 Dollar zu. Laut ihrem Rechtsanwalt trieb der Verlust der körperlichen Selbstbeherrschung infolge des Unglücks seine Mandantin in die Arme von mehr als 100 Männern.

Ein britisches Gericht hatte der 23jährigen Biologielehrerin Trudie Mundell einen Schadenersatz in Höhe von 2815 Pfund zuerkannt, weil sie durch Unfallfolgen »geschwätzig« wurde. Vorher war sie stets zu scheu gewesen, etwas zu sagen. Nun mischte sie sich ständig in Gespräche ein. Ihr Mann Robert erklärte: »Sie ist nur ruhig, wenn sie ißt.«

Ein Bodybuilder aus Oklahoma verlor eine verrückte Wette. Bei einem Wettlauf mit einem Kühlschrank auf dem Rücken, löste sich eine Schnalle, der Eisschrank fiel herunter und verletzte den Mann. Nicht genug damit: Der Sportler verklagte den Hersteller und erhielt über die Produkthaftpflichtversicherung eine Million Dollar.

Unter einer Haustür im oberfränkischen Coburg küßte sich ein Pärchen leidenschaftlich. Zu leidenschaftlich. Denn die junge Dame biß dem Kavalier die Zunge ab. Daraufhin streckte der Mann die Frau mit einem Faustschlag zu Boden, die k.o. ging. Mit der Zunge in der Hand rannte der Liebhaber ins nächste Krankenhaus, dort nähte man ihm die Zunge wieder an. Mittlerweile wurde auch die am Boden liegende bewußtlose Frau gefunden und ins gleiche Krankenhaus transportiert.

Schwedische Geschäftsleute pumpten in Kolmaarden einen kleinen See leer, um den vermuteten Marmor-Untergrund gewinnbringend zu verwerten. Indes, Marmor fanden sie nicht, dafür 11 Autowracks, allesamt mit Kennzeichen versehen und teilweise sogar noch mit dem Schlüssel im Zündschloß. Alle 11 Fahrzeuge waren bei Polizei und Versicherungen als gestohlen gemeldet: »Elfmal Versicherungsbetrug«, so die Polizei.

Ein Hausbesitzer in Las Vegas kam abends nach Hause und sah zu seinem Entsetzen, wie ein betrunkener Baggerführer die letzten Reste seines Hauses einebnete. Er stellte den Baggerführer zu Rede, der ihn mit seiner Schnapsfahne fast umwarf. Der Trunkenbold versprach, seinen Arbeitgeber zu holen und die Versicherung anzurufen. Statt dessen verschwand er auf Nimmerwiedersehen.

Ein Beamter aus Süddeutschland und seine Frau waren schuldlos in einen Verkehrsunfall verwickelt. Er stellte an die gegnerische Kfz-Haftpflichtversicherung eine ungewöhnliche Forderung: »Während des Aufenthaltes meiner Frau im Krankenhaus stand sie mir als Ehepartner nicht zur Verfügung. Unser normaler Bedarf an ehelichem Verkehr ist wöchentlich im Durchschnitt zweimal. Da meine Frau aufgrund der körperlichen Schäden diesem Bedarf nicht nachkommen konnte, war ich gezwungen, mir auf dem freien Markt meinen Ausgleich zu suchen. Dies ist jedoch mit entsprechenden Kosten verbunden. Um auch nur annähernd an das Format meiner Frau heranzukommen, ist unter DM 80,– nichts zu machen. Es ergibt sich daher aus dem obigen aufgeführten folgende Rechnung: Gesamtzeit des Krankenstandes meiner Frau: 7 Wochen. Je zweimaliger Bedarf des körperlichen Ausgleichs meinerseits à DM 80,– = Summe 1120,– DM. Ich bitte Sie, diesen mir entstandenen finanziellen Schaden anzuerkennen und den Betrag alsbaldigst zu überweisen.«

Der sonst so wohlerzogene und folgsame Hund eines Kaufmanns in Hösterköp/Dänemark war plötzlich über einen Volkswagen hergefallen. Die Versicherungsgesellschaft sollte den angerichteten Schaden bezahlen. »Hund beißt Auto«, das klang nach einem Witz. Aber als man dem Fall nachging, stellte man tatsächlich fest, daß die Tür des Wagens angebissen war. Der Hund hatte sein Gebiß so deutlich in das Blech gehauen, daß die Versicherung den Schaden übernehmen mußte.

In Rom stellte ein Rechtsanwalt eines Morgens wütend fest, daß sein eleganter neuer Sportwagen verschwunden war, und meldete Versicherung und Polizei den Diebstahl. Nach einigen Tagen stand sein Auto frisch gewaschen und poliert sowie neu aufgetankt wieder vor seinem Haus. Auf dem Fahrersitz fand der Rechtsanwalt einen Zettel: »Ich habe in Ihrem Wagen herrliche Stunden verbracht. Zum Dank dafür habe ich ihn auf meine Kosten waschen, polieren, frisch auftanken und das Öl wechseln lassen.«

Ein übergewichtiger, herzkranker Amerikaner erlitt beim Rasenmähen einen Herzinfarkt. Er verklagte den Hersteller auf Schadenersatz mit der Begründung, der Rasenmäher sei fehlerhaft konstruiert. Der Starter sei nur mit erheblichem Kraftaufwand zu betätigen, und dieser Umstand habe den Infarkt herbeigeführt. Die Jury verurteilte den Produzenten zur Zahlung von 1,2 Millionen Dollar.

In gedrängter Kürze berichtete die australische Zeitung ›New Observer‹ über einen Unfall in Sydney: »Mit einem brennenden Streichholz wollte sich Edward Brewer gestern abend davon überzeugen, ob noch Benzin in seinem Tank sei. Die Beerdigung von Mister Brewer findet übermorgen auf dem Zentralfriedhof statt.«

Nach einem verpatzten Schlag warf ein Golfspieler in Kalifornien wütend den Schläger in die Luft. Dabei traf er eine oberirdische Stromleitung. Der Schläger verursachte einen Kurzschluß und fiel brennend in Stücken zu Boden. Dadurch geriet das ausgedörrte Gras in Brand. Die Feuerwehr mußte die Flammen löschen.

Dem Musiker Percy Smith war die Frau durchgebrannt. Er schloß noch am gleichen Tag eine Versicherung von 40000 Dollar gegen ihre Rückkehr ab. Ob eine Zahlung fällig wurde, ist nicht bekannt geworden.

Schlangenliebhaber Gustav Petterson verließ seine Wohnung in Malmö. Seine Python, die in der Badewanne ihr Domizil hatte, ringelte sich um die Wasserhähne und überflutete zwei Wohnungen.

Daß man nicht auf den Fußboden spucken soll, leuchtete einem Laboranten aus Barcelona erst ein, als er durch diese Unsitte einen Großbrand entfacht hatte.

Auf den Gang eines Labors war aus einem undichten Behälter Natriumperoxyd gerieselt, ein Pulver, das beträchtliche Hitze entwickelt, wenn es mit Wasser in Berührung kommt. Der Mann spuckte im Vorbeigehen auf das Pulver, und das Pulver rächte sich.

Friedlich schlief ein Ehepaar in Marseille, als es mitten in der Nacht einen schmerzlichen Schlag erhielt. Entschlossen, jedem Eindringling mutig zu begegnen, knipste der Mann das Nachttischlämpchen an, aber keiner war da. Der eingerahmte Schlafzimmerspruch

»Ruhe sanft« hatte sich vom Nagel gelöst und war den beiden auf die Köpfe gefallen.

Ein Mann aus Hilmar in Kalifornien schoß sich versehentlich in den Fuß. Aus dem Krankenhaus zurück, hatte er nichts Eiligeres zu tun, als seinen Freunden zu demonstrieren, wie es zu dem Unfall gekommen war. Und schon hatte er sich zum zweiten Male in den Fuß geschossen.

Ein lichterloh brennendes Wohnmobil rollte durch Darmstadt. Den Männern der Feuerwehr kam der wie von Geisterhand gesteuerte Wagen sogar entgegen, als sie die Flammen löschen wollten. Bis die heiße Fahrt gestoppt werden konnte, brannte das Wohnmobil total aus, mehrere Häuser wurden in Mitleidenschaft gezogen. Des Rätsels Lösung: Der Kühlschrank im Wagen hatte Feuer gefangen und die »Amokfahrt« ausgelöst. Die starke Hitze ließ den Dieselmotor selbständig starten. Da der erste Gang eingelegt war, setzte sich der Wagen in Bewegung. Gesamtschaden: 100000 DM.

Ein Sporttaucher wurde vor der Atlantikküste Floridas von einem Kühlwasser-Ansaugrohr regelrecht verschluckt. Nur leicht verletzt erreichte er durch das 550 Meter lange Leitungssystem das Innere des Kraftwerks. »Es war dunkler als alles, was ich je gesehen hatte«, sagte der 45jährige William Lamm nach seiner unfreiwilligen Reise.

Ein Dieb war in ein Haus im englischen Warminster eingedrungen, nachdem er eine Fensterscheibe aus dem Rahmen entfernt hatte. In der Küche kochte er sich erst einmal in aller Ruhe ein Essen mit Pommes frites, Eiern und Bohnen und wusch dann alles sorgfältig ab. Daraufhin stahl er eine Geldbörse mit 62 Pfund und verließ das Haus auf gleichem Wege. Von draußen setzte er die Fensterscheibe fachmännisch wieder ein und verkittete sie.

Versicherungsfälle können in allen Lebenslagen entstehen. Auf die Frage »Auf welche Weise ist der Brand entstanden?« antwortete der Versicherte im Schadenformular: »Während der Vorbereitung eines Beischlafes geriet wie von Zauberhand die Bettdecke in die ca. 1 1/2 m neben dem Bett stehende Kerze.« Und auf die weitere Frage »Welche Maßnahmen wurden zur Minderung des Schadens unternommen?« schrieb der Mann ebenso lapidar wie glaubhaft: »Die Vorbereitungen zum Beischlaf wurden sofort unterbrochen.«

Profi-Stuntman John Nolan doubelt alle und alles: Er springt durchs Feuer, fliegt die Treppen hinunter, prügelt auf fahrenden Güterzügen. Als er jedoch sein Hotelzimmer betrat, auf dem Teppich ausrutschte und ins Krankenhaus mußte, bekam er nichts von seiner Verdienstausfallversicherung. Begründung: Es war kein Arbeitsunfall.

Bei der Sanierung eines Industriegebäudes mußte eine alte Werkhalle abgerissen werden. Beim Aufreißen des Fundaments stießen die Bauarbeiter in acht Meter Tiefe auf einen 15 Meter langen Tanklastzug. Er mußte seinerzeit beim Bau des Gebäudes ins Fundament einbetoniert worden sein. Es roch nach Versicherungsbetrug. Die Nachforschungen ergaben tatsächlich, daß der Tanklastzug viele Jahre zuvor als gestohlen gemeldet worden war und die Versicherung den Schaden regulierte. Der vermutliche Täter, der Firmenchef, hatte sich der Strafverfolgung entzogen: Er war verstorben, seine Firma hatte Konkurs angemeldet.

Schafe kann Peter S. aus Detmold wohl nicht mehr ausstehen. Das ist verständlich, wenn man seinen Unfallbericht an seine Krankenversicherung liest: »Ich ging in den oberen Obsthof, um dort einige Äpfel aufzulesen. Dort befanden sich einige Schafe. Als ich in den Obsthof hineinging, kamen die Schafe im Laufschritt auf mich zu und wollten an meine Tasche. Ich hab mich gewehrt und wollte sie vertreiben. Doch sie fingen an zu stoßen und wurden aggressiv. Von den vielen Stößen bin ich umgefallen und habe die Tasche weggeworfen. Ich habe mich wieder aufgerichtet und wollte aus dem Kamp hinaus, aber die Schafe kamen zurück und stießen erneut und mit voller Wucht zu. Dabei bin ich dann so unglücklich gestürzt, daß ich nicht wieder aufstehen konnte. Ich habe um Hilfe gerufen. Zum Glück konnte mir meine Kusine, die zufällig in ihrem Garten war, helfen. Sie hat die Schafe zuerst abgewehrt und mich dann gestützt, so daß ich aufstehen und in den nahegelegenen Hühnerstall gehen konnte. Von dort wurde ich gleich mit dem Krankenwagen in das Detmolder Krankenhaus eingeliefert.«

Domenico Pierno machte einen Bruch in einer Bar in Lecco, um die Kasse auszurauben. Während der Arbeit genehmigte er sich einen Cognac, dann noch einen und noch einen. Nach getaner Arbeit leerte er noch ein paar Gläschen und schlief hinter der Bar ein. Der Besitzer entdeckte den wenig trinkfesten Einbrecher und ließ ihn von der Polizei wecken.

Auf »Befehl aus dem Jenseits« hatte ein Däne in seinem Heimatort Hoptrup eine Bank überfallen und 10000 Mark erbeutet. Kurz darauf wurde er allerdings von der Polizei geschnappt, weil die Stimme aus dem Jenseits ihm offenbar einen falschen Tip gegeben hatte. Die Stimme habe ihm geraten, sich nicht zu maskieren: »Es geht alles gut!«

»Cherie, der Handschuhkasten ist abgeschlossen. Gib mir doch mal den Autoschlussel.« Höflich, aber gedankenlos erfüllte der französische Ehemann den Wunsch seiner Frau. Er zog den Schlüssel aus dem Zündschloß. Und das bei Tempo 130 auf der Autobahn Paris-Lyon. Dann kam eine Kurve, das Lenkradschloß rastete ein. Der Wagen knallte erst gegen die Leitplanke, dann in eine Böschung. Glück im Unglück: Das Paar erlitt nur Prellungen.

Förmlich, wie es für eine Schadenanzeige gehört, schrieb eine junge Frau an die Hamburger Polizei: »Ich melde hiermit den Diebstahl meines Fotoapparates Olympus A 2«. Das teure Gerät sei aus dem Auto von Freunden gestohlen worden, als sie mit denen gerade auf dem Fischmarkt war. Als Zeugen gab sie die Namen ihrer Bekannten an, ansässig in Lüneburg. Um sich gegen Nachfragen abzusichern, schrieb sie auch ihren Lüneburger Freunden einen Brief: »... ich hoffe, daß Ihr mir nicht böse seid, daß ich Eure Namen genannt habe. Aber ich glaube, daß Ihr keine Schwierigkeiten bekommen werdet. Bald schreibe ich, wie alles gelaufen ist ...« Eine Kopie der Anzeige an die Polizei fügte sie bei. Im entscheidenden Moment freilich ließ die kriminelle Energie der Versicherungsbetrügerin in spe nach: Sie vertauschte versehentlich die Briefumschläge. Ihre Bekannten erhielten die Anzeige, der Hamburger Kripo flatterte das »Bekenntnisschreiben« samt Kopie der Anzeige auf den Tisch.

Auf einer südbadischen Straße geriet ein Personenwagen ins Schleudern. Das Auto überschlug sich, doch der Fahrer kroch unversehrt aus den Trümmern heraus. Aufatmend zündete er sich eine Zigarette an und warf das Streichholz achtlos fort. Im Krankenhaus kam er wieder zu sich. Das Streichholz war genau im zerrissenen Tank des Wagens gelandet.

In Florida wurde ein Mann beim Angeln von einem Fisch bewußtlos geschlagen. Vor seinem Motorboot war plötzlich ein großer Stör aus dem Wasser gesprungen. Das Tier durchschlug die Windschutzscheibe und traf den Angler so schwer am Kopf, daß er k.o. zu Boden ging. Dann raste das führerlose Boot gegen einen Baum am Ufer...

Mit drohend vorgestreckter Pistole trat in St. Louis ein Räuber vor die entsetzte Carolyn Miller hin. »Hände hoch!« bellte er. »Machen Sie keine Faxen, sonst knallt's!« Dann wandte er sich an eine neben ihm stehende Komplizin und fragte: »Gefällt dir diese?« Als die Räuberbraut nickte, riß er Miß Miller die Perücke vom Kopf. Das Paar verschwand.

60000 Dollar verdiente ein cleverer New Yorker mit seinem Fahrrad in zwei Jahren. Er ließ sich absichtlich überfahren – von einem guten Kumpel mit einem Leihwagen. Sein vorher von ihm selbst abgezapftes Blut – in einem Plastikbeutel transportiert und nach dem »Unfall« verspritzt – sorgte für die notwendige Untermalung. Zudem brachte er sich vorher mit Glassplittern kleine Verletzungen bei. Er bekam 10 Jahre.

»War das nun ein Mordanschlag, und lebt das Opfer noch?«, mußte sich wohl der Sachbearbeiter einer Krankenversicherung gefragt haben, als er folgende Schadenschilderung las: »Beim Führen einer Kuh, welche ich zum Stier geführt habe, bin ich von derselben umgebracht worden und habe mir deshalb in der Rippengegend und im Rücken Quetschungen zugezogen.«

Ähnliches muß sich der Sachbearbeiter einer anderen Versicherung gedacht haben, als er folgenden Unfallbericht las: »Bin im Havelmeer ertrunken. Mein Schwager, der Rettungsschwimmer ist, hat mit Wiederbelebungsversuchen Erfolg gehabt.«

In Südtirol entwich eine Kuh aus der Koppel, wanderte an einem Steilhang entlang und kam – nach dem Gesetz der Schwerkraft – immer mehr ins Laufen. Rasend ging es abwärts: Das acht Zentner schwere Rindvieh krachte am Ende des Hanges auf die Terrasse eines Wohnhauses, durchbrach die Türe und landete im Kinderzimmer, dann im Schlafzimmer des achtzigjährigen Großvaters, der dadurch einen leichten Herzanfall erlitt. Die Kuh, immer noch bei bester Gesundheit, wurde später durch eine Hausmauer ins Freie gehievt, die zu diesem Zwecke extra aufgebrochen werden mußte.

Ein wohlhabender Geschäftsmann meldete jedes Jahr, daß sein Porsche in Mailand gestohlen sei. Beim vierten Versicherungsschaden begann der Sachbearbeiter zu recherchieren. Er erkundigte sich z. B. bei Fluggesellschaften und Reisebüros – und wurde fündig: Der stets bestohlene Porschefahrer hatte bereits vor seiner letzten Abfahrt aus Deutschland ein Rückflugticket von Mailand aus gekauft.

Ove Larson aus Ljungskile wachte durch einen schmerzhaften Biß seines Hundes ins Ohr auf – und sah, daß sein Haus in hellen Flammen stand. Er packte seinen Hund und konnte sich mit einem Sprung vom Balkon buchstäblich in letzter Minute retten.

Ein Autofahrer war am frühen Morgen mit seinem Wagen und Wohnanhänger auf einen Autobahnparkplatz eingebogen, um sich etwas zu entspannen und eine Zigarette zu rauchen. Seine Frau, die im Wohnwagen geschlafen hatte, glaubte an einen längeren Aufenthalt und verschwand hinter den Büschen. Nach einigen Minuten drückte der Mann seine Zigarette aus und fuhr ohne sich umzusehen weg. Einsam und frierend blieb die Frau zurück. Zum Glück bot ihr einige Zeit später ein Motorradfahrer seine Hilfe an. Nach einer Verfolgungsfahrt holte er Auto und Wohnwagen ein. Die »Übergabeformalitäten« gerieten allerdings zu Tätlichkeiten, da die Frau ihren Mann mit den Schuhen attackierte und verletzte.

In Nord-Michigan stieg ein Handelsvertreter während eines Schneesturmes aus dem Wagen, um seiner Frau, die am Steuer saß, auf der verwehten Straße die Fahrtrichtung anzugeben. Er lief vor dem Wagen her, aber nicht lange: Die Frau, von einem entgegenkommenden Wagen geblendet, überfuhr ihren Mann, stoppte, als sie die Hilfeschreie hörte, schaltete den Rückwärtsgang ein – und überfuhr den Armen zum zweiten Male. Glücklicherweise kam der Mann dank des weichen Schnees mit leichteren Verletzungen davon.

»Ich taufe Dich auf den Namen ›Ladykiller‹ – mit diesen Worten schleuderte die Taufpatin in Halifax (England) eine Sektflasche gegen den Schiffsrumpf. Doch die Flasche prallte unversehrt wieder zurück und traf die Lady am Kopf, die mit einer leichten Gehirnerschütterung ins Krankenhaus mußte.

In Rio de Janeiro verabreichte ein Mädchen ihrem Geliebten eine derart kräftige und gezielte Ohrfeige, daß dieser gegen einen Feuermelder taumelte. Wenige Minuten später rasten zwei Löschzüge der Feuerwehr an, um das angekündigte Großfeuer zu bekämpfen. Unterwegs schnitten sie einen Lkw, der ausscheren mußte und ins Schaufenster einer Wäscheboutique fuhr.

In der Nähe von Rättvik (Schweden) rutschte ein Autofahrer von der Straße, landete im Graben. Der Schaden war indes gering, nur ein Kotflügel war eingedrückt. Der Mann machte sich auf den Weg, um einen

Abschleppwagen zu holen. Als er zurückkam, war ein weiterer Wagen an genau derselben Stelle in den Graben gerutscht. Jetzt war sein Auto schrottreif.

Der Polizist John di Gloria aus Methen im US-Staat Massachusetts erhält im Jahr 50000 Mark fürs Nichtstun. Er bekam diese Entschädigung zugesprochen, weil er die Richter davon überzeugte, daß er als Drogenfahnder soviel Dienststreß erleiden mußte, daß er schließlich selbst zum Rauschgift griff.

Ein Arbeiter in Baltimore testete ein Bolzenschußgerät aus deutscher Produktion. Dabei nahm er ein Holzbrett als Zielscheibe. Beim darauf folgenden »Probeschießen« prallte ein Bolzen vom Brett ab und verletzte einen anderen Arbeiter schwer. Der deutsche Hersteller mußte eine hohe Entschädigung leisten. Begründung: In der Gebrauchsanleitung habe ein entsprechender Hinweis über die Folgen eines unsachgemäßen Einsatzes gefehlt.

In der Westschweiz wollte ein Ehepaar per Motorrad Verwandte besuchen. Bei einem Bahnübergang mußte der Fahrer vor geschlossenen Schranken warten. Ungeduldig startete er, nachdem der Zug vorbeigebraust war, unter der sich öffnenden Schranke. Da der Rücksitz des Motorrads erhöht war, konnte sich die Ehefrau nicht ausreichend bücken. Die Barrierestange vor Augen, hielt sie sich im ersten Schreck daran fest und wurde langsam in die Höhe gehoben. Mittlerweile war

der Ehemann davongefahren, und die Unglückliche landete auf dem Bahnübergang, zog sich aber nur leichte Verletzungen zu. Am Ziel stellte der rasante Motorradfreak entsetzt fest, daß er seine Beifahrerin verloren hatte.

In einem bayerischen Dorf wähnte ein Landwirt nächtliche Einbrecher in seinem Haus. Als er im Dunkeln vorsichtig umhertappte, riß der Gummizug seiner Pyjamahose, und das Kleidungsstück rutschte davon. Fast im selben Moment verspürte er eine naßkalte Berührung an seiner Kehrseite. Er schnellte herum, um dem vermeintlichen Gegner einen Faustschlag zu verpassen, schlug jedoch daneben und zertrümmerte eine Glasscheibe.

Bei Licht besehen, entpuppte sich der Einbrecher als Hund, der in das Haus eingedrungen war und mit seiner Schnauze dem Halbnackten zu nahe gekommen war. Der Mann indes blutete stark, seine Frau mußte ihn zum Verbinden ins Krankenhaus bringen lassen.

Anschließend sorgte sie für Ordnung. Mit einem benzingetränkten Lappen wischte sie das Blut ab und warf den feuergefährlichen Lappen in die Toilette. Es war eine jener konservativen Einrichtungen ohne Spülung.

Als ihr Mann wieder nach Hause kam, suchte er die altmodische Örtlichkeit auf und zündete, um sich vom ersten Schreck zu erholen, eine Zigarette an. Es gab eine größere Stichflamme, als er das Streichholz unter sich warf – die Benzindämpfe hatten sich entzündet. Der Mann erlitt Verbrennungen, und seine Frau mußte ihn zum zweitenmal zur ärztlichen Behandlung bringen lassen.

Als der Mann bäuchlings auf der Trage lag und die Geschichte von seinem neuerlichen Mißgeschick bekümmert zum besten gab, bekam einer der beiden Träger einen Lachkrampf. Er schüttelte sich und ließ vor lauter Lachen die Trage aus der Hand gleiten. Der Mann rutschte von der Liege, fiel die Stiegen hinab und blieb mit einem gebrochenen Fuß liegen.

Mit 4500 DM ist in einem Bonner Landgericht der Wert »entgangener Kußfreuden« festgelegt worden. Diesen Betrag mußte ein Bonner Zahnarzt einem französischen Patienten als Schmerzensgeld zahlen. Der Patient hatte nach einer Zahnextraktion einen »völlig gefühllosen Mund« zurückbehalten. Wegen seiner teilweise gelähmten Mundpartie verspürte er beim zärtlichen Lippenaustausch »entweder gar nichts oder nur brennende Schmerzen«. Erschwerend kam noch hinzu, so der Anwalt, daß sich sein Mandant habe wiederverheiraten wollen. Die Kußunfähigkeit hatte dessen Chancen auf dem Heiratsmarkt erheblich reduziert.

Abgelehnt – was selten vorkommt – hatte Lloyds of London das Ansinnen eines Sizilianers, der die Unschuld seiner Tochter versichern wollte. Tatsächlich fand der Mann eine peruanische Gesellschaft, die dieses Risiko übernahm. Wie es ausging, weiß niemand.

Unbekannte Täter brachen in einem Ort südlich von Paris einen kompletten Geldautomaten aus der Wand. Dazu benutzten sie ein Baufahrzeug, das sie auf einer nahegelegenen Baustelle gestohlen hatten. Um die Tat ungestört ausführen zu können, hatten sie zuvor die örtliche Gendameriewache kurzerhand mit Vorhängeschlössern »gesichert«. Die von Nachbarn alarmierte Polizei konnte sich erst nach der Flucht der Täter befreien.

In München wurde ein Autofahrer am Steuer plötzlich ohnmächtig. Der Wagen fuhr auf die Gegenfahrbahn. Die Ehefrau riß das Steuer herum, dann durchbrach der Wagen ein Eisengeländer und stürzte fünf Meter tief ins Isarbett. Durch den Aufprall kam der Fahrer wieder zu Sinnen und konnte sich – ebenso wie seine Frau – praktisch unverletzt aus der völlig plattgedrückten Limousine befreien.

Ein Bürgermeister eines kleinen schwäbischen Dorfes ließ sich an der Münchener Uniklinik von einem penetranten Hautleiden heilen. Die Überraschung kam mit der Liquidation, in der u.a. eine fremd anmutende Handreichung vermerkt war: »1 Vaginalabstrich«. Der Bürgermeister – an ein Versehen glaubend – kürzte einfach den Gesamtbetrag um den besagten Posten. Doch die Klinik mahnte und mahnte. So kam es zur Verhandlung vorm Amtsgericht – in der es genau um 14,80 DM ging. Angesichts der Fakten wurde die Klage zurückgezogen. Nun machte der Bürgermeister seine Gegenrechnung auf: Mit Kilometer-, Tages- und Übernachtungsgeld brachte er es leicht auf 500 DM, die die Klinik ihrerseits zu zahlen hatte.

Bei Werbefilmaufnahmen auf dem Dach eines Parkhochhauses in der Hamburger Innenstadt fiel ein Personenwagen sieben Stockwerke tief auf die Fahrbahn. Der unbesetzte, geparkte Wagen war von einem »Oldtimer« auf dem Dach gerammt worden, als der Fahrer nach Abschluß der Dreharbeiten noch eine Runde drehte und dabei vermutlich die Gewalt über den Wagen verlor. Der herabstürzende Wagen verletzte zum Glück niemand. Er wurde bei dem Aufprall völlig zusammengedrückt.

In der ägyptischen Hafenstadt Alexandria wollte ein mit Chloroform-Flaschen beladener LKW einem Kind ausweichen und kippte um. Die sich schnell ausbreitenden Dämpfe sorgten dafür, daß in der belebten Straße die Leute reihenweise umfielen und das Bewußtsein verloren. Über 300 Menschen wurden so unfreiwillig in einen Tiefschlaf versetzt.

Aus dem Jahresbericht des Krankenhauses der Ann-Arbor-Universität in Michigan (USA) über besondere Vorkommnisse: »Von einem Hund gebissen: ein Angestellter; von einer Biene gestochen: ein Patient; von einem Patienten gebissen: siebzehn Angestellte.«

2,5 Millionen DM zahlte die Haftpflichtversicherung eines deutschen Sportwagenherstellers, weil nach Meinung eines US-Gerichts der Wagentyp für einen normalen Autofahrer nicht beherrschbar sei. Bei einem Unfall mit diesem Auto war die Beifahrerin getötet worden. Unberücksichtigt blieb die Tatsache, daß der Fahrer die zulässige Höchstgeschwindigkeit um mehr als das Doppelte überschritten hatte.

Wie in einem alten Stummfilm ging es in einem Münchener Nobel-Restaurant zu. Ein Kellner jonglierte ein riesiges Tablett mit Nachspeisen. Als er das Tablett an seinem Tisch plazieren wollte, lief ein Pudel eines Gastes vom Nachbartisch ihm in den Weg. Der Hund war indes mit einer Leine am Tischbein festgebunden. Prompt stolperte der Kellner über die nunmehr straff gespannte Leine und flog mitsamt dem Tablett mitten in die Tischrunde. Eisbomben, Pudding, Tiramisu – der gesamte Nachtisch spritzte auf die Abendroben der Damen und Smokings der Herren. Die Reinigungskosten gingen zu Lasten der Haftpflichtversicherung des Restaurant-Besitzers.

Bowie hieß der Lieblings-Goldfisch eines Londoner Bankiers. Als er starb – der Goldfisch –, wurde eine sog. Tierlebensversicherung fällig. Bezugsberechtigt war der Banker.

Eine ältere Dame aus Zürich meldete den Verlust eines kostbaren Armbandes und erhielt eine Entschädigung von 18 000 Franken. Ein Jahr später schrieb sie ihrer Versicherung: »Kürzlich habe ich mein Armband im Schrank zwischen Wäschestücken wiedergefunden. Da ich es nicht richtig finde, gleichzeitig die Versicherungsentschädigung und das Armband zu besitzen, habe ich die 18 000 Franken an das Rote Kreuz überwiesen. Ich hoffe, das wird Sie sicher auch freuen ...«

Ihr frisch gewaschenes Höschen wollte Zenta F. aus Nürnberg trocknen lassen. Sie legte es über eine Leine des Balkons. Der Wind aber trug das zarte Ding fort und wehte es einem Radfahrer ins Gesicht. Der »blinde« Radler fuhr einen Mann um, der gerade einen Fernseher in sein Auto laden wollte. Der Fernseher landete zersplitternd auf der Straße und brachte einen weiteren Radler zu Fall.

Ein Engländer versicherte eine Kiste Zigarren gegen Feuer. Dann rauchte er sie. Er meldete den Schaden und pochte auf die Versicherungsbedingungen. Man zahlte ihm die Summe – dann aber erhielt er eine Klage wegen Brandstiftung.

Unfälle auf Autobahnauffahrten waren seine Spezialität: Ein Fuldaer Fahrer von exklusiven Automarken fuhr stets rasant auf Autobahnen und beobachtete seinen Hintermann im Rückspiegel. War dieser beim Einfädeln auch nur einen Moment unaufmerksam, ging sein Vordermann voll in die Bremsen und provozierte einen Auffahrunfall – meist mit erheblichem Sachschaden. Die Gesamt-Versicherungssumme, die der Betrüger auf diese Weise ergaunerte, reichte aus, um zwei Häuser zu kaufen. Doch dann kam der Streit mit seinem Komplizen, der die Manipulationen auffliegen ließ.

Im London kam eine junge Frau bei einem Autounfall mit äußerlich leichten Verletzungen davon, jedoch waren die Verletzungen dergestalt, daß sie das zärtliche Zusammensein mit ihrem Mann nicht mehr ertragen konnte. Die gegnerische Haftpflichtversicherung zahlte eine hohe Entschädigungssumme. Aber auch der Mann erhielt für entgangene Liebesfreuden 3000 Pfund.

Die Ehefrau chauffierte, der Mann schlief im Camping-Anhänger – nackt. Als der Wagen plötzlich hielt, erwachte der Ehemann und tastete sich zur Hecktür. In diesem Augenblick sprang die Ampel auf grün, die Frau fuhr an und der Mann fiel aus der Tür. Verzweifelt raste er hinter dem Wohnwagen her, bis er merkte, daß er nackt war. Da flüchtete er ins nächste Haus – und brach sich dabei den Mittelfußknochen ...

Eine Maus hatte ein Chaos in einem britischen Operationssaal verursacht. Während Ärzte und Krankenschwestern den Nager jagten, gab der nur örtlich betäubte Patient Hinweise auf das Versteck der Maus.

Schließlich stieß der Chirurg mit seinem Kopf so stark an die Lampe über dem Operationstisch, daß er ohnmächtig zusammenbrach.

Versicherungsbetrüger, die später Reue zeigen, sind selten. Doch es gibt sie. Oft sind ihre Entschuldigungsschreiben religiös motiviert. Beispiel: »Sie erhielten von der Firma B. eine Rechnung für eine Unfallinstandsetzung. Bei dieser Rechnung wurde die Motorhaube 600 DM zu hoch berechnet. Dies war ein falsches Handeln von mir. Gott hat mir durch seinen Geist gezeigt, daß eine zu hohe Rechnung an eine Versicherung Diebstahl ist und bereinigt werden muß.

Denn seine Gebote haben auch heute noch Gültigkeit. Ich sende Ihnen deshalb das Geld mit Zinsen zurück durch beigefügten Scheck.« Oder: »Da ich Christ geworden bin und mein Leben mit Gott in Ordnung bringen möchte, sende ich Ihnen anbei DM 100,–. Vor vielen Jahren haben Sie uns die Tischplatte unseres Couchtisches ersetzt, und wir haben eine dickere und deswegen teuere Glasplatte dafür genommen als die ursprüngliche war. Das war nicht korrekt und ich möchte es hiermit wieder gutmachen.« Oder: »Seit dem 2. 7. habe ich eine Haftpflichtversicherung für einen Audi bei Ihnen abgeschlossen. Obwohl ich vorher noch kein Auto gefahren habe, habe ich die Versicherung mit 65% statt mit 175% abgeschlossen. Ich möchte Sie wegen des Betruges um Vergebung bitten und bin für eine Wiedergutmachung bereit. Mein ehrliches Zeugnis beruht darauf, daß ich vor einem Jahr Christ geworden bin und mein Leben völlig in die Hände unseres Retters Jesus Christus gegeben habe.«

Ein Star, der sein Nest mit einer noch brennenden Zigarette auspolsterte, hatte ein Haus in Watkins Glen bei New York eingeäschert. Die Zigarettenglut setzte zunächst das unter dem Hausdach befindliche Nest in Brand. Die Flammen griffen schnell auf das Dach und das ganze Haus über.

In New York wollte Milo Stephens sterben und warf sich vor einen U-Bahn-Zug. Nachdem man ihn im Krankenhaus wieder zusammengeflickt hatte, verklagte er die U-Bahn wegen fahrlässiger Körperverletzung, weil der Zug nicht rechtzeitig vor ihm gestoppt habe. Er bekam über 1,5 Millionen Dollar Versicherungsentschädigung.

Das Auto von Dr. Alex Glasklar aus Dallas wurde auf der Landstraße von einem wütenden Stier angegriffen und schwer beschädigt. Nur durch das Eingreifen von mehreren Bauern kam Dr. Glasklar ohne Schaden davon. Er ist Leiter einer Station für künstliche Befruchtung von Zuchtvieh.

Wie aus dem Boden gewachsen stand plötzlich ein Schäferhund vor dem Auto des englischen Mechanikers Andrew Wood. Er bremste scharf ab, doch der Hund rührte sich nicht von der Stelle. Da stieg Wood aus, um den Hund zu verscheuchen. Der hechtete mit zwei Sätzen auf den Fahrersitz des leeren Autos. Unglücklicherweise kollidierte er mit dem Automatikhebel. Mit Hund hinterm Steuer ging die Fahrt ab und endete nach einigen hundert Metern krachend an einer Mauer.

In einer Sommernacht fuhr der Lehrer Gérard Grasson aus dem mittelfranzösischen Departement Meuse auf eine Brücke mit einer geschlossenen Bahnschranke zu. Grasson versuchte zu bremsen, aber sein Auto geriet auf der regennassen Straße ins Schleudern, durchbrach die Schranke und blieb mitten auf den Gleisen stehen. Dummerweise sprang der Motor nicht mehr an. Grasson mußte so schnell wie möglich den Wagen verlassen, denn der Güterzug Straßburg-Paris brauste heran. Der Zusammenstoß war furchtbar: Alle 37 Waggons sprangen aus den Schienen, verkeilten sich, durchschlugen die Brücke und krachten in den darunterliegenden Kanal. Da die Lok allein auf den Schienen blieb, gab es keine Verletzten. Es war einer der größten Versicherungsschäden, die ein Einzelner verursachte. Die Assekuranzgesellschaft zahlte 8 Mio. Mark, der Lehrer Grasson bekam nur eine Strafe von umgerechnet 625 DM.

Die Ehefrau eines Malers in Exeter (England) kaufte sich eine Heimorgel und übte darauf Tag und Nacht. Nach monatelanger Qual drehte der Maler durch. Er zündete das Haus an, in dem das Paar 22 Jahre lang gelebt hatten. Es gab ein Gerichtsverfahren, aber keine Versicherungsentschädigung.

Ein Fallschirmspringer wurde in Hinkley/Illinois festgenommen, weil er einen Kürbis aus 600 Meter Höhe zur Erde fallen ließ. Der Kürbis durchschlug ein zweistöckiges Gebäude vom Dach bis zum ersten Stock, bevor er in der Küche landete, in der die Hausfrau gerade den Nachtisch zubereitete: Obstsalat.

Der Dackel eines Konditors aus Saarburg (Lothringen) erfreute sich eines goldenen Gebisses, das ihm sein Herr bei einem Zahnarzt hatte anfertigen lassen. Eines Tages jedoch kam er ohne seine Goldzähne nach

Hause: Sie waren ihm mit einer scharfen Zange abgebrochen worden.

Ein Ehepaar wollte ins Theater. Beim Anziehen hatte der Mann Schwierigkeiten mit dem Reißverschluß seiner Hose, den er partout nicht schließen konnte. In der Eile ging er »unverschlossen« mit. Aber auch im Theater streikte der Reißverschluß. Erst recht im Sitzen. Da drängte sich im letzten Moment noch ein verspätetes Paar durch die Reihe. Günstige Gelegenheit für den Ehemann, weil gerade das Licht ausging. Er stand auf, zog nochmals kräftig. Endlich gab der Reißverschluß nach! Doch: Der Verschluß hatte sich in der Abendrobe der vorbeigehenden Dame verfangen! Wie siamesische Zwillinge aneinandergekettet, mußten beide im Halbdunkel zur Garderobiere gehen. Die Versicherung ersetzte den Schaden am Abendkleid.

In Melbourne fegte ein Sturm vom Dach eines Hochhauses ein großes Schild herunter. Es landete im Schaufenster eines Porzellanladens und verletzte mehrere Personen. Auf dem Schild stand: »Helft Unfälle verhüten!«

Eine halbe Mettwurst hatte ein Hausratversicherer zu ersetzen. Der Schadenhergang las sich im Polizei-Amtsdeutsch so: »Im Keller eines Mehrfamilienhauses in der Metternichstraße brach ein Täter einen Lattenverschlag auf und entwendete eine halbe Mettwurst. Die Wurst war an der Kellerdecke aufgehängt und von dem Täter mit einem scharfen Tatwerkzeug – nach kriminalistischer Erfahrung dürfte es sich um ein Messer gehandelt haben – durchgetrennt worden. Warum der Täter nicht die ganze Wurst entwendete, ist unklar. Anfängliche Überlegungen, Polizeihunde in die Fahndung nach der Diebesbeute einzuschalten, wurden wieder verworfen, da in umliegenden Haushalten doch mit größeren Wurstvorkommen gerechnet werden mußte, die eine Zuordnung unmöglich gemacht hätten.«

Offenbar infolge sprachlicher Verständigungsschwierigkeiten wurde in einem Wiener Krankenhaus einem Patienten, der einen Beinbruch erlitten hatte, irrtümlich ein Herzschrittmacher eingepflanzt. Unfreiwilliger Empfänger des Herzschrittmachers war ein 50jähriger Jugoslawe. Er hatte sich mit Rheuma-Beschwerden in das Krankenhaus begeben, war dort drei Tage später ausgerutscht und hatte sich das rechte Bein gebrochen. Der Bruch war ordnungsgemäß gerichtet worden, und der Patient befand sich auf dem Weg der Genesung, als ein Pfleger ihn zur Operation holte. Erst nach dem Eingriff bemerkte eine Krankenschwester den Irrtum.

Dackel »Fiffi« hatte bei einem Spaziergang ein Pappröllchen gefunden und mit nach Hause gebracht. Frauchen nahm ihm sein »Spielzeug« weg und warf es in den angeheizten Kachelofen. Kaum hatte sie das Zimmer verlassen, gab es einen ohrenbetäubenden Knall: der Ofen war explodiert. Wie sich herausstellte, hatte der Hund einen nicht abgebrannten Feuerwerkskörper von einem Rummelplatz mitgenommen.

Ein 14jähriger Schüler hatte östlich von London ein Modell-Flugzeug gestartet. Plötzlich machte sich das Flugzeug selbständig, reagierte nicht mehr auf die Funkbefehle und verschwand brummend am Horizont. Als der Treibstoff ausging, fiel der Flieger auf eine Hochspannungsleitung und riß ein 11 000-Volt-Kabel auf eine feuchte Wiese, wo friedlich eine Kuhherde graste. Vier Kühe wurden durch einen elektrischen Schlag getötet. In den meisten Häusern eines nahegelegenen Dorfes gingen die Lichter aus.

Mrs. Rita Headfield aus Birmingham lief auf heftiges Läuten zum Telefon, stolperte über ihren Hund, fiel über den Glasplatten-Kaffeetisch und erlitt erhebliche Schnittwunden an Armen und Beinen. Mühsam schleppte sie sich zum immer noch läutenden Telefon. Es war der Anruf einer Unfallversicherung, die feststellen wollte, ob Mrs. Headfield unfallversichert wäre. Sie war es nicht.

Einem Mann in Alabama, dessen Blockhaus abgebrannt war, wurde von der Versicherungsgesellschaft die Schadenregulierung verweigert. Der Brief, mit dem der Mann seine Schadenersatzansprüche anmeldete, war von der Post 24 Stunden früher abgestempelt worden, als das Blockhaus in Flammen aufging.

Ein New Yorker Paar, frisch vermählt, stieg mit den Trauzeugen ins Auto, das vor der Kirche stand. Bei der nächsten Ampel zwangen vier maskierte Gangster die Insassen auszusteigen und stahlen das Auto mit allen Hochzeitsgeschenken.

In einem Münchener Spielsalon gelang einem 22jährigen ein Billardstoß mit außergewöhnlichem Effet. Er versetzte der Kugel mit der Nummer 10 einen derart wuchtigen Stoß, daß sie über die Bande sprang und aus der offenstehenden Eingangstür ins Freie schoß. Dort überquerte sie Bürgersteig, Radweg und Parkstreifen und geriet auf die Fahrbahn. Sie kam unter ein vorbeifahrendes Auto, erhielt dadurch einen neuen Effet, der sie auf ein parkendes Auto trieb. Dort zerbeulte sie die Kühlerhaube, ehe sie scheibenzersplitternd in der Auslage eines Textilgeschäfts landete.

Die Haftpflichtversicherung eines Tier-Besamungsinstitutes mußte einem texanischen Viehzüchter 8,5 Mio. Dollar zahlen. Sein Zuchtbulle »Superman 1024« wurde versehentlich mit einem tödlich wirkenden Insektizid besprüht.

15 Halbstarke aus Marseille wollten den spektakulärsten Zugüberfall durchführen – doch der TGV, der schnellste Zug der Welt, war leer. Einziges Opfer war der Lokführer. Ihm nahmen die verhinderten Gangster Geldbeutel und Lederjacke ab.

Ein amerikanischer Pastor hatte einen seiner Kirchgänger schlecht beraten, als er ihn überredete, gegen seinen Nachbarn nicht zu prozessieren. Deshalb prozessierte der Kirchgänger gegen seinen Pastor. Dieser aber war im Besitz einer »Seelsorger-Haftpflichtversicherung«, die auch prompt zahlte.

Kjär Jensen aus Hoven in Dänemark hatte sich zahllose Dornen bei einem Sturz in einen Haufen Berberitzenzweige eingezogen. In über 250 Operationen innerhalb von sechs Jahren wurden ihm rd. 35 000 Dornen entfernt. Weltrekord!

Der New Yorker Journalist Tom Kelsey rutschte auf einer Orangenschale aus und vertrat sich dabei das Bein. Eine halbe Stunde später wurde ihm in der U-Bahn die Brieftasche mit vierhundert Dollar gestohlen. Bald darauf streifte ihn ein Auto, wobei er eine Rippenprellung erlitt. Als der Unglücksrabe schließlich doch noch sein Büro erreichte, stand der Raum wegen eines Rohrbruchs unter Wasser. Tom Kelsey ist der Autor der Zeitungsspalte: »Was so alles passiert«.

Matthieu Boya schlug auf den Golfball, der zischte los, traf ausgerechnet eine Möwe, die wiederum auf die Cockpitscheibe eines startenden Düsenflugzeugs stürzte. Der erschreckte Pilot machte eine Vollbremsung, schlingerte und rammte vier Jagdflugzeuge des westafrikanischen Landes Benin. Gesamtschaden: 85 Mio. Mark.

»Wenn Du 100 Häuser in Brand steckst, wirst Du ein Kind bekommen!« Diesen Rat eines Fakirs setzte eine Inderin, die jahrelang kinderlos geblieben war, sofort in die Tat um. Sie engagierte in der kleinen Stadt Haswan mehrere Jungen, die sie für umgerechnet 1,20 DM pro Haus zur Brandstiftung anstachelte.

In Sao Paulo riß sich ein Kind von der Hand seiner Mutter los und lief auf die Straße – direkt vor einen LKW. Der Fahrer konnte gerade noch ausweichen, steuerte jedoch den Laster krachend gegen die Mauer eines Hauses, in dem sich ein Friseursalon befand. Dort polterte ein Hängeschrank von der Wand und fiel dem Friseur Olavo Mora auf den rechten Arm. Im nächsten Augenblick hielt Mora das Ohr seines Kunden in der Hand.

In Boston hatte sich ein Immobilienmakler buchstäblich in sein Hinterteil gebissen. Der Mann hatte sein künstliches Gebiß in die hintere Hosentasche gesteckt, war auf einer Bananenschale ausgerutscht und gestürzt. Er fiel dabei so unglücklich, daß das »Gebiß« eine Portion Fleisch zu fassen bekam und dann zugedrückt wurde. Es gab eine klaffende Wunde.

Es war wie im Film: Als Peter S. etwas früher als erwartet nach Hause kam, erwischte er seine Frau mit einem jüngeren Mann in flagranti. Peter S., 1.95 Meter groß, verprügelte den Liebhaber nach Strich und Faden. Dieser ging vor Gericht und klagte. Die Haftpflichtversicherung von Peter S., die auch unbegründete Ersatzansprüche abzuwehren hat, erreichte, daß ihr Kunde kein Schmerzensgeld zahlen mußte.

Beim Tanzvergnügen im Wirtshaus hatte sich ein Gast verletzt. Darauf schrieb der Wirt an seine Haftpflichtversicherung: »An dem Abend fand ein Punk-Konzert statt. Dabei wurde ›Pogo‹ getanzt, d.h. mit den Stiefeln gegen einen anderen gestoßen, damit der möglichst hinfällt. Verletzungen müssen dabei in Kauf genommen werden. Manchmal fällt auch einer auf den

Kopf. Ich gebe ihm dann eine Schmerztablette.« Die Versicherung zahlte.

200 DM zahlte die Berufshaftpflichtversicherung eines Friseurs für eine verpfuschte Dauerwelle. Das Gericht in Siegen kam nach eineinhalbjährigem Prozeß, der drei Sachverständige beschäftigt hatte, zu dem Ergebnis, daß es sich hier um eine »Überkrausung der Haare durch ein zu starkes Dauerwellenmittel« gehandelt hatte. Die vom Anwalt geforderten 400 DM lehnte der Richter ab: »Sie ist ja schließlich nicht gebissen worden.«

Heiligabend: Die ganze Familie saß um den Gabentisch. Plötzlich ein heftiger Brandgeruch – und schon stand der Weihnachtsbaum in Flammen. Der Hausherr, geistesgegenwärtig, nahm den eben ausgepackten Pelzmantel seiner Gattin und löschte das Feuer. Allerdings mit dem Familienfrieden war es vorbei, die Feier mündete in einen üblen Ehestreit, der Polizeibesuch notwendig machte.

Alois Jagdhuber, aus einer kleinen bayerischen Gemeinde bei Bad Tölz, verspürte gehörigen Durst, als er mit seinen beiden Kühen am Unterwirt vorbeikam. Ohne groß nachzudenken, band er die beiden Tiere an das Garagentor der Wirtschaft. Als er nach seiner Maß Bier wieder herauskam, suchte er seine Kühe vergebens – beide waren mitsamt dem Garagentor verschwunden.

Ein Göttinger Ehepaar fuhr in Urlaub nach Südamerika. Vorher schloß es bei 13 privaten Krankenversicherungen eine Auslandsreise-Police ab und präsentierte den Gesellschaften nach ihrer Rückkehr völlig identische Krankenhausrechnungen. Das Ehepaar wäre mit einem Schlag fast zu einer kleinen Million gekommen, denn jedem Einzelunternehmen wurden gefälschte Belege über 70000 DM vorgelegt.

Als Tracy Miller aus dem US-Staat Montana auf dem Highway nach Billings fuhr, spürte sie plötzlich ein Kitzeln an den Beinen. Es war eine Maus, die offenbar in der Heizungsanlage des Fahrzeugs geschlafen hatte. Als es ihr zu heiß wurde, sprang sie aus dem Heizungsloch – direkt unter das Kleid. Die Fahrerin schrie auf, ließ das Steuerrad los, der Wagen rutschte in den verschneiten Straßengraben. Tracy blieb unverletzt, am Auto gab es großen Blechschaden – die Maus wurde zu Tode gequetscht.

Drei Wochen suchte in Hollywood ein Regisseur der Warner Brothers den Mann »mit dem vollendeten Verbrechergesicht«. Schließlich engagierte er einen Mr. Swordwevsky von der Straße weg. Swordwevsky erfüllte die Erwartungen des Regisseurs vollkommen: Am zweiten Drehtag schon war er mit dem Inhalt der Requisitenkasse – rund 5000 Dollar – auf Nimmerwiedersehen verschwunden.

Einbrecher lassen nicht nur Geld, Schmuck, Bilder, Teppiche und Pelze mitgehen. In der Schadenaufstellung eines großen Versicherungsunternehmens wurde als Diebesbeute u. a. geführt: 13 000 lebende Forellen, eine zwei Zentner schwere Kirchenglocke, 1000 t Rohkaffee, ein zweisitziger Helikopter, 1135 t Gußrohre im Wert von 1,2 Millionen DM, das Gebiß aus dem Mund einer alten Dame bei einem »Mundraub« in Denver/Colorado, USA, 800 Schinken, 200 000 Regenwürmer von einer Regenwurmfarm in Osaka, Spargel im Wert von 100 000 DM, 50 000 Zündkerzen, 5000 Gesangbücher und 3 t Butter.

Ein Streit um die angeblich gestohlene Kopfbedekkung eines Beduinenscheichs rettete einem Dutzend Hotelgäste in Kairo das Leben. Der Scheich hatte einen der Gäste des altersschwachen Club-Hotels als Dieb verdächtigt und bestand darauf, daß alle Hotelbewohner ihn zur Polizei begleiteten, wo die Sache aufgeklärt worden sollte. Als die Gäste das Hotel verlassen hatten, stürzte der dreistöckige Bau in sich zusammen.

Juwelen im Wert von über 18 000 Dollar warf eine Frau im New Yorker Stadtteil Bronx in den Müllverbrenner. Die Polizei durchsuchte die Asche in der Anlage, entdeckte aber keine Spur des Schmuckes. Die Frau hatte zu einer Hochzeit zwei Ringe, ein Paar Ohrringe und eine Halskette getragen. Später legte sie die Wertstücke in einem Umschlag auf den Küchentisch, damit ihre Tochter sie in das Bankschließfach zurückbringen konnte. Die Tochter räumte jedoch erst einmal gründlich auf und warf alles, was auf dem Küchentisch herumlag, in den Müllschlucker, der mit dem Ofen direkt verbunden ist.

In Trier erhielt ein bekannter Geschäftsmann der Stadt eine besondere Auszeichnung für 25 Jahre unfallfreies Fahren, die ihm vom Bürgermeister persönlich überreicht wurde. Nach dem Festessen, das der Geehrte den zahlreichen Gästen gab, fuhr der Mann nach Hause. An der ersten Kreuzung mißachtete er die Vorfahrt und baute einen kapitalen Unfall.

Im dichten Nebel fuhren zwei Autofahrer auf einer Landstraße bei Gütersloh langsam aufeinander zu. Sie hatten jeweils die Köpfe aus dem Auto gesteckt, um sich am Mittelstreifen zu orientieren. Als sie sich begegneten, knallten sie mit ihren Köpfen zusammen und kamen ins Krankenhaus. Die Polizei: »Die Fahrzeuge blieben unbeschädigt.«

Ein Lehrer aus Columbus/Ohio (USA) wollte seinen Schülern an einem Fluß das Angeln erläutern. Da schnellte ein ausgewachsener Lachs aus dem Wasser und schlug ihm mit der Flosse so hart auf den Mund, daß die Lippe mit sechs Stichen genäht werden mußte.

Rette sich, wer kann, dachte offensichtlich ein Patient, als sein Zahnarzt wohl etwas zu heftig am Nerv bohrte.

Der Mann schlug dem Zahnarzt den Bohrer aus der Hand und sprang aus dem Behandlungsstuhl. Bei der Flucht verfing er sich im Anschlußschlauch des Bohrerhandstücks und riß ihn ab. Für den Schaden zahlte die Privat-Haftpflichtversicherung immerhin 2000 DM.

»Quer durch den australischen Busch« hieß das Motto des deutschen Foto-Touristen Karl Werhahn und seiner Frau. Auf ihrer Jeep-Tour sahen sie eines Tages ein Känguruh leblos auf der Straße liegen. Herr Werhahn stoppte, sah sich die Sache an – und hatte eine seiner verrückten Blitzideen, wenns ums Fotografieren ging. Er zog sein Sakko aus und legte es dem toten Tier an.

Dann trat er ein paar Schritte zurück, um ein paar »originelle« Bilder zu schießen. Doch da sprang das totgeglaubte Tier plötzlich auf und verschwand mit Riesensätzen im Gebüsch – leider mit dem Sakko und folglich mit der Brieftasche, in der Papiere, Geld und Ausweise steckten. Das völlig perplexe Ehepaar eilte zur nächsten Polizeistation, doch erntete es mit dieser Känguruh-Story nur schallendes Gelächter. Erst als der Gefoppte später Fotos vorlegen konnte – er hatte geistesgegenwärtig auch die Flucht des Tieres geknipst – glaubten ihm die Polizei und auch die Reisegepäck-Versicherung.

In einem Bauernhof bei Hamburg versuchte ein 48 Jahre alter Mann mit einem Bunsenbrenner eine zugefrorene Wasserleitung aufzutauen. Dabei fing der Schweif eines Pferdes Feuer. Als es in Panik davonstob, gerieten die Strohballen in Brand. Die Flammen griffen schnell auf den Dachstuhl des Gebäudes über. Der Bauer selber konnte nicht löschen, weil ja die Wasserleitung zugefroren war.

Über den schlimmsten Kuß seines Lebens hat Djalmos dos Santos der Polizei in Salvador da Bahia berichtet. Seinen Bericht mußte er schriftlich verfassen, weil ihm seine Geliebte Lucia, aus Rache dafür, daß dos Santos sie brutal verprügelte, beim Küssen ein Stück der Zunge abbiß. Seitdem kann sich dos Santos mündlich nicht mehr verständigen.

Aus Wut darüber, daß der traditionelle Truthahn für das Festessen am amerikanischen Erntedankfest nicht rechtzeitig aufgetaut worden war, wurde Scott Nelson aus Oklahoma rabiat. Als seine Frau mit dem Auto wegfahren wollte, warf er den gefrorenen Puter durch die Windschutzscheibe.

Ein wildgewordener Dackel, der in einem Zirkus eine Giraffe zu Tode jagte, verursachte einen Versicherungsschaden von über 100000 DM. Der Hundebesitzer hatte mit seinem Vierbeiner eine Zirkusvorstellung besucht. Bei einer Sensationsnummer passierte es: Als ein Nashorn unter einer Giraffe durchlaufen sollte, riß sich der Hund los, versetzte die Giraffe in panischen Schrecken und jagte sie minutenlang durch die Arena. Schließlich brach das hochbeinige Tier tot zusammen.

Die Männer der Freiwilligen Feuerwehr des Städtchens Coal Montain im US-Staat West Virginia standen ratlos vor dem brennenden Gebäude. Sie mußten hilflos zusehen, wie das Haus ein Raub der Flammen wurde, denn was da brannte, war das Spritzenhaus, und alle zum Löschen notwendigen Geräte verbrannten mit ihm.

Arraba, Südtiroler Skiort: Eine Skifahrerin wird von einem dringenden Bedürfnis übermannt(-fraut) und fährt von der Piste weg seitwärts in die Büsche. Um Zeit zu sparen, schnallt sie die Skier gar nicht erst ab und geht in die Hocke. In Fachkreisen spricht man von der sog. Rennfahrerhaltung. Damit wird Druck auf den Skienden erzeugt, und man wird schneller. Genau dies passiert unserer Skifahrerin; durch die Gewichtsverlagerung machen sich die Ski selbständig. Die Fahrerin, immer noch in der besagten (entblößten) Haltung, gerät auf die Piste, wird schneller und schneller, verliert die Kontrolle und mäht zwei Skifahrer um. Sie selbst bricht sich ein Bein und wird ins nächste Krankenhaus eingeliefert ...

Ein Versicherungskaufmann, der während eines Flugzeug-Frühstücks in ein steifgefrorenes Brötchen biß, hat jetzt die Midway Airlines auf Zahlung der Zahnarztrechnung in Höhe von 3000 Dollar und 15 000 Dollar Schmerzensgeld verklagt. Während eines Fluges von Chicago nach Atlanta hatte der hungrige David Tomai so herzhaft in das unaufgetaute Brötchen gebissen, daß gleich vier Vorderzähne, zwei Kronen und eine künstliche Zahnbrücke abbrachen.

Als Nils Sörensen aus dem schwedischen Norrköping erfuhr, daß ihm seine Frau nach drei Mädchen einen strammen Buben geschenkt habe, tat er einen Luftsprung, brach sich das Bein und mußte ins Krankenhaus gebracht werden. Dort teilte man ihm mit, daß der Frauenklinik bei der telefonischen Durchsage auf Grund einer Namensverwechslung ein Irrtum unterlaufen sei. Frau Sörensen hatte Zwillinge zur Welt gebracht: zwei Mädchen.

Zu wenig versichert war Mrs. Margaret Bradbury aus Glover in England. Die Ehefrau, die Versicherungen gegen Unfälle, Diebstahl, Feuersbrunst, Hagelschlag, Krankheiten, verregnete Ferien und selbst Zwillinge abgeschlossen hat, brachte Drillinge zur Welt.

Weil sie ihren Wagen in einer Parkverbotszone abgestellt hatte, mußte eine Frau in Amsterdam einem berittenen Polizisten 7,50 Gulden Strafe zahlen. Die

Frau zückte einen Zehn-Gulden-Schein. Das Pferd des Ordnungshüters reckte den Hals, schnappte die Geldnote und fraß sie auf.

In Aachen kniete sich ein beleibter Herr nach erquikkender Dusche im Adamskostüm zu seinem Hometrainer nieder, um durch eifriges Training den Bauchumfang zu reduzieren. Die Hauskatze sah dem Spiel interessiert zu. Leider beachtete der Sportler nicht, daß das Tier in Lauerstellung ging. Plötzlich ein Sprung, und die Katze hatte sich in etwas verbissen, das sie offensichtlich mit etwas anderem verwechselt hatte. Der Überfallene konnte sich nur unter Qualen befreien und mußte einen Krankenwagen anfordern.

Über 1 Million Dollar Schadenersatz erhielt eine 41jährige Kalifornierin, weil ihr nach dem Einnehmen eines Antibiotikums ein Bart wächst.

In einer nordenglischen Stadt brachen Räuber nachts ins Postamt ein und erbeuteten den Tresor. Sie luden ihn auf ihren Lieferwagen und gaben kräftig Gas, so daß er unbemerkt herunterfiel. Die Polizei fand später den Panzerschrank. Inhalt: 180000 Mark.

In einem westafrikanischen Dorf starb der Einheimische Akouta Tainu an den Folgen eines Verkehrsunfalls. Die Hinterbliebenen kamen mit beträchtlichen Schadenersatzforderungen: Die Ehefrauen Nr. 1,

Nr. 2 und Nr. 3 forderten für sich und die 11 Kinder insgesamt 980000 DM. Ehefrau Nr. 4 hatte zwar keine Heiratsurkunde, brachte indes Zeugen und 5 Kinder bei. Das Gericht reduzierte jedoch drastisch die Forderungen auf ca. 3000 Mark je Witwe.

Den beiden englischen Komikern Abbot und Castello ist es tatsächlich passiert, daß ein Zuschauer über ihre Witze einen Lachanfall bekam und daran erstickte. Sie fanden einen Versicherer, der das Risiko übernahm, falls sich künftig noch ein Zuschauer »totlachen« sollte.

Im Berner Oberland floh ein Senn vor einem nahenden Gewitter. Da schlug der Blitz in seiner Nähe ein, und der Mann wurde von der Gewalt des Luftdrucks wie ein Ball weggeschleudert. Ihm passierte nichts, allerdings lag sein Schuh in 25 Meter Entfernung. Der Blitz hatte tatsächlich in den Schuhrücken eingeschlagen, war der Sohle entlang bis zu den Zehen eingefahren und von dort in die Erde verschwunden.

In New Jersey wurde ein Zigarettenhersteller zu Schadenersatz verurteilt, weil er – so die Begründung – nicht hinreichend vor den Gefahren des Zigarettenrauchens gewarnt hätte. Die Ehefrau des Klägers, eine starke Raucherin, war an Lungenkrebs gestorben. Das Gericht entschied, daß der gesetzlich vorgeschriebene Warnhinweis auf der Packung die Zigarettenhersteller nicht von einer Haftung befreien könne.

Ein deutsch-pakistanisches Ehepaar legte zwei Lebensversicherungen im Ruhrgebiet mit täuschend echt aufgemachten, aber gefälschten Urkunden herein. Der Ehemann ließ sich in Pakistan für tot erklären. Die erforderlichen Formulare besorgte er sich mit Schmiergeldern. Die Ehefrau kassierte über 250000 DM. Nach dem gleichen Muster wollte man eine weitere Gesellschaft erleichtern. Doch die schöpfte Verdacht. In Zusammenarbeit mit der Kripo wurde versucht, die »Witwe« nach Deutschland zu locken. Mit Erfolg. Endlich kündigte die »Witwe« ihre Einreise an. Die betrügerische Ehefrau wurde auf dem Frankfurter Flughafen verhaftet. Sie war in der Tat mit dem »verstorbenen« Ehemann gekommen. Der wurde indes bei der Verhaftung übersehen. Er meldete sich jedoch selbst nach ca. 3 Stunden bei einer Frankfurter Polizeistation (»Meine Frau ist abhanden gekommen«). Die Polizei behielt ihn gleich da.

Auf einer Party in Los Angeles ließ eine Frau gedankenlos die Haarspraydose in die Toilette fallen. Der nächste Benutzer war ein Mann. Er wurde, als die Dose plötzlich explodierte, hochgeschleudert und fiel in die Badewanne.

Mr. Taylor aus Washington kam nach Hause und wollte seine Gattin in den Arm nehmen. Ein starker Schmerz ließ ihn zurückfahren, freilich zu spät; denn eine ihrer Haarnadeln hatte sein Trommelfell durchbohrt ...

In einem Osloer Hotel erschien ein englischer Gast beim Portier und berichtete stöhnend, er sei über ein loses Fußbodenbrett gestolpert und habe sich dabei den Arm ausgekugelt. Ein Arzt bestätigte die Verletzung, worauf die Hotelversicherung zahlte. Später stellte sich heraus, daß der Engländer seinen Arm mühelos auskugeln konnte und mit diesem Trick viele europäische Spitzenhotels reinlegte.

Alfonso Gonzales aus Mexiko wollte den Kolben seiner Pistole als Nußknacker verwenden. Zu spät bemerkte er, daß sie geladen war: Das Geschoß landete im linken Bein und erforderte einen längeren Klinikaufenthalt.

Ein riesiger Mottenschwarm hatte auf einer Brücke in Nordjapan eine Massenkarambolage ausgelöst. Die Tiere bedeckten zentimeterhoch die Fahrbahn, so daß die Fahrer die Kontrolle über ihre Fahrzeuge verloren und einige von ihnen in den Fluß stürzten.

Versicherungen sind da, um anderen Sicherheit zu geben. Daran glaubten auch die Kunden der US-Gesellschaft »Absolut sicher«. Sie hatten sich auf den Namen fest verlassen. Um so überraschter waren sie, als sie erfuhren, daß »Absolut sicher« über Nacht pleite gegangen war.

Handelsvertreter Peter Huber stand mit seinem roten Wagen an der Kreuzung. In diesem Augenblick trabte eine Werbetruppe des gastierenden Zirkus samt Elefanten vorbei. Der Leitelefant, dressiert, auf roten Zirkusschemeln Platz zu nehmen, ließ sich kurzentschlossen auf dem Kühler nieder – mit erdrückenden Folgen. Doch Peter Huber, gehetzt und gestreßt, verhandelte nur kurz mit den Zirkusleuten und fuhr weiter – und überfuhr bei der nächsten Kreuzung die Rotampel. Ein Polizist stoppte ihn. Das übliche Hin und Her. Was mit dem Auto gewesen sei. Peter Huber erzählte wahrheitsgemäß die Elefanten-Story. Das war dem Ordnungshüter (doch) zuviel. Er schleppte den

»verrückten« Autofahrer zum Revier, wo ihm keiner die Geschichte glaubte. Nur mit Mühe gelang es später der hinzugerufenen Ehefrau, ihren Mann vor der Einlieferung in die Nervenklinik zu bewahren.

Nachdem Dino Alfani dreimal beinahe überfahren und zweimal beinahe von einem fallenden Dachziegel erschlagen worden wäre, hatte er genug vom Großstadtleben. Er nahm Urlaub und zog sich an den stillen Meeresstrand von Castello Fusamo zurück. Dort lag er den ganzen Tag, genoß die Frühlingssonne und die Einsamkeit und schlief ein. Er erwachte im Krankenhaus. Ein ganz kleines Sportflugzeug war in der schier grenzenlosen Einsamkeit beim Landen ausgerechnet über ihn gerollt.

In Hamburg ging eine Hausfrau in aller Früh zum Einkaufen. Als sie wieder zurückkam, fand sie eine zerwühlte Wohnung vor. Sie nahm das nicht weiter ernst, weil sie annahm, daß ihr Mann mal wieder nach seinen Manschettenknöpfen gesucht hatte. Erst später kam ihr die Idee, daß wohl Einbrecher zu Besuch gewesen sein mußten …

Ein Wiener hatte bei einem Altwarenhändler ein Messingbett mit Rollenrädern erstanden. Ein Freund half ihm beim Transport. Da das Bett sehr breit war, gingen die beiden auf die – etwas abschüssige – Straße. Bei einer Zigarettenpause, als sich beide auf das Bett setzten, mußte es passieren: Das Bett machte sich selbständig und rollte mit zunehmender Geschwindigkeit die Gasse herunter. Die beiden schrien, pfiffen und gestikulierten wild, aber der schwarze Mercedes, der aus der nächsten Kreuzung kam, reagierte nicht. Es gab einen Mordskrach bei diesem seltsamen Zusammenstoß, der keinen Personen-, dafür etlichen Sachschaden zur Folge hatte.

Frau Petra K. aus Karlsruhe fuhr gerade in dem Augenblick über eine Kreuzung, als die Ampel von Gelb auf Rot schaltete. Prompt wurde sie von einem Motorradpolizisten an den Straßenrand gewinkt. »Ich habe nicht plötzlich bremsen wollen, aus Angst, jemand könnte mich von hinten anfahren«, erklärte sie. Der Polizist entgegnete sehr nachdrücklich, daß er dieses Argument schwach finde, da jeder aufmerksame Fahrer bei richtigem Abstand schon rechtzeitig bremsen werde. Indes, es gab keine Strafe. Erleichtert fuhr Frau K. auf die nächste Kreuzung besonders vorsichtig zu. Bei Gelb bremste sie abrupt und spürte im gleichen Augenblick einen krachenden Aufprall. Als sie den Kopf drehte, sah sie die Bescherung: Der Auffahrer war niemand anderer als der Motorradpolizist von der letzten Kreuzung.

Als ein Tiefflieger über einen Bauernhof in Oberfranken raste, scheute ein Pferd, schlug mit den Hinterläufen aus und traf dabei einen Ziegenbock derart unglücklich, daß dieser schwerste Verletzungen erlitt und notgeschlachtet werden mußte. Zudem fiel der Ziegenbock auf zwei aufgescheuchte, umherirrende

Hühner, die ebenfalls ihr Leben lassen mußten. Der Bauer klagte gegen die Bundeswehr – allerdings vergebens: Es wurde kein Versicherungsfall daraus.

In der Kfz-Versicherung gilt nach wie vor das Schuldprinzip – im Gegensatz zum modernen Eherecht. Viele Autofahrer versuchen daher, ihre Haftung herunterzuspielen – mit geradezu verblüffenden Argumenten. Einer schrieb an seine Haftpflichtversicherung: »Ich mußte so schnell fahren, um einen Stein aus dem Reifenprofil herauszuschleudern!« Ein anderer gab zu bedenken: »Ich mußte mich während des Fahrens einer Wespe erwehren, die mich stechen wollte.« Ein Dritter brachte eine physikalische Erklärung: »Vor mir fuhr ein riesiger LKW. Der Sog war so groß, daß ich über die Kreuzung gezogen wurde.« Auch der war nicht schlecht: »Ich mußte meinen im Koma liegenden Wellensittich zum Tierarzt bringen.«

Ein Autofahrer aus Wuppertal hielt an einer Böschung im Wald und stieg aus, um einem dringenden Bedürfnis abzuhelfen. Leider hatte er vergessen, die Handbremse anzuziehen. Der Wagen rollte langsam an, fuhr bergab, die Böschung hinunter – genau auf den bedauernswerten Autobesitzer zu, der gebückt im Gras kauerte. In letzter Minute konnte er noch zur Seite springen und ein großes Unglück vermeiden.

Larry Hatman wollte heiraten. Auf dem Weg zum Polterabend wurde er von einem Auto angefahren und

brach sich das linke Bein. Als nach Wochen der Gips abgenommen wurde, nahm er einen neuen Anlauf. Auf dem Weg zur Kirche stolperte er über einen Bordstein und brach sich das rechte Bein.

Frau Mannli aus Zürich hatte sich beim Friseur das Haar bleichen lassen. Auf dem Heimweg fingen in der Straßenbahn die Haare plötzlich zu brennen an, wodurch sie am Hinterkopf erhebliche Brandwunden erlitt. Sie verklagte den Friseur auf 7000 Franken Schmerzensgeld. Das Gericht stand ihr jedoch nur die Hälfte der geforderten Summe zu. Da sie in größter Eile war, hatte sie sich geweigert, das Haar nach dem Bleichen auswaschen zu lassen.

Im englischen Hornchurch zog eine Blaskapelle aufs freie Land, um ungestört üben zu können. Auf einer Wiese packte man die Musikinstrumente aus. Niemand war zu sehen. Nur eine Kuhherde beobachtete mit Interesse das Treiben. Als das Orchester dann loslegte, fielen 5 Kühe auf der Stelle tot um, die übrigen Tiere stoben in wilder Flucht davon. Der Bauer klagte auf Schadenersatz, den er auch bekam.

Edouard Grignon, Zirkusartist, ließ sich insgesamt siebzehnmal überfahren. Er kam stets mit heiler Haut davon. »Zufällige« Passanten bestätigten seine Verletzungen, die meist in »inneren und seelischen Quetschungen« bestanden.

Ein bayerischer Landarzt wollte mit einem »warmen Abbruch« seine Finanzen aufbessern. Er heuerte einen Arbeitslosen an und fuhr selbst zwecks Alibi nach Italien. Der Brandstifter schritt zur Tat und schüttete überall Benzin aus. Da er sich jedoch zu lange im Haus aufhielt, und das schnell flüchtige Benzin sich schon als Luft-Gas-Gemisch im Flur verteilt hatte, brannte nach dem Feuerlegen nicht nur der Hof, sondern auch die Hose des Feuerlegers. Er rannte als lebende Fackel schreiend aus dem brennenden Haus – in die Hände der Nachbarn, die ihn später der Polizei übergaben.

Eine regelrechte Kettenreaktion von Unglücksfällen löste die zweijährige Virginia Bailey in Indiana aus:

Die Kleine fiel vom Stuhl und brach sich den Daumen. Ihre Mutter nahm sie auf den Arm, um sie zum Arzt zu bringen. Dabei lief das vierjährige Brüderchen voraus, rannte mit dem Kopf in die Glastüre und zerschnitt sich das Gesicht. Da nahm Frau Bailey ihn auch gleich mit. Als sie die Treppe zur Praxis des Arztes hinaufstieg, glitt sie selbst aus und brach sich den Knöchel.

Ein im siebten Stock eines Hauses in Frankfurt wohnender Mann glaubte gegen Mitternacht, eine Katze schreien zu hören. Weil er ein solches Tier namens »Imi« besitzt, stand er aus dem Bett auf und machte sich im Adamskostüm auf die Suche. Dabei ging er auch auf den Hausflur – und hinter ihm schlug die Wohnungstür zu. Da seine Frau und auch sein Kind auf Klingeln und Klopfen nicht reagierten, fuhr er mit dem Aufzug in die Tiefgarage, schlug an seinem Auto eine Scheibe ein und holte eine Decke aus dem Fahrzeug, um seine Blöße zu bedecken. Dann ging er zum 14. Polizeirevier, erzählte den Beamten sein Mißgeschick und konnte endlich seine Frau anrufen.

In Mittenwald ging eine Ehefrau zum Einkaufen. Ihr Gatte gab ihr zu verstehen, daß er in der Zwischenzeit das defekte Auto zu reparieren gedenke. Als die Gute nach getätigtem Einkauf wieder frohgemut nach Hause kam, registrierte sie mit Freude, daß an der Familienkutsche munter gearbeitet wurde.
Hiervon zeugten die weit gespreizten Beine, die unter dem aufgebockten Fahrzeug herausragten. Mit ge-

schultem Blick erkannte sie allerdings, daß beim Herumrutschen unter dem Reparaturobjekt dem Manne etwas aus der Hose gerutscht war, was ihn eindeutig als solchen auswies. Die treusorgende Gattin beförderte gefühlvoll den entblößten Körperteil wieder dahin zurück, wo er hingehört, nämlich in die Hose.
Nicht gering war allerdings ihr Entsetzen, als sie, in die Wohnung zurückgekehrt, dort ihren angetrauten Gatten vorfand. Während dieser ihr mitteilte, daß er, da ihm die Reparatur zu schwierig erschienen war, einen Kfz-Mechaniker zu Hilfe gerufen habe, beichtete die Frau ihrem Ehemann den unschuldigen Akt der Barmherzigkeit, den sie eigentlich ihm zugedacht hatte.
Gemeinsam schritt das verunsicherte Ehepaar zum Auto. Unter diesem lag, zwar züchtig bekleidet, doch in tiefer Ohnmacht, der Mechaniker. Dieser war, wie die spätere Rekonstruktion ergab, bei der unerwartet liebevollen Beschäftigung mit besagtem Körperteil entsetzt hochgeschreckt und hatte sich dabei seinen Kopf so heftig an der Wagenunterseite angeschlagen, daß er danach der ärztlichen Behandlung bedurfte.

Filmsternchen Amy Yip aus Hongkong hatte ihre Brüste für 250000 Dollar versichern lassen, weil in der Lokalpresse ständig darüber spekuliert wurde, ob sie wohl echt seien. Die Versicherung verlangte eine Untersuchung. Ergebnis: alles echt!

Der Betrüger Hans Kalweit verstarb nacheinander in 40 verschiedenen Städten in der Bundesrepublik. Er kassierte 40mal das Sterbegeld bei der jeweiligen AOK, um dann kurz vor seiner drohenden Verhaftung ins Ausland zu verschwinden.

Der Versicherungsagent Ronanoke hatte seinen Nachbarn überzeugt, eine Police zu unterschreiben, die alle Schäden umfaßt, die dessen Schäferhund anrichten könnte. Als der Vermittler das Haus verließ, wurde er prompt vom Schäferhund gebissen und somit der erste Nutznießer des gerade geschlossenen Vertrages.

Ein Autofahrer, dessen Windschutzscheibe zu Bruch ging, formulierte den Schadenhergang so: »Unter genauester Beachtung der zulässigen Höchstgeschwindigkeit kollidierte ich mit einer Taube, die unvorschriftsmäßig in der Gegenrichtung unterwegs war und meinem PKW nicht auswich!«

Hundefreundin Ursula T. aus Solingen fuhr zum Einkaufen. Auf dem Beifahrersitz waren ihre beiden Pudel dabei. Während der Fahrt gab sie einem der beiden Hunde ein Biskuit, um das sofort ein heftiger Streit entbrannte. Die Fahrerin wollte die Differenzen schlichten, wurde dabei abgelenkt. Sie kam auf die linke Straßenseite, überquerte das Trottoir, fuhr durch ein großes Schaufenster und landete im Innern einer Drogerie. Mitten in herumfliegenden Weihnachtskerzen, Flaschen, Dosen und Tuben kam der Wagen endlich zum Stehen. Außer einem saftigen Sachschaden gab es keine Folgen.

Die Perserin Sonja Benjamin, im Orient ob ihrer Bauchtanzkünste berühmt, hatte lange nach einer Versicherung gesucht, die ihr wichtigstes Betriebskapital, den Nabel, versichert hätte. Dann hatte Lloyds of London ein Einsehen. Der Vertragstext: Wenn eine Narbe den Nabel oder die Haut im Umkreis von 25 Millimetern entstellen sollte, sind 20000 Mark zu zahlen. Ob der Versicherungsfall eingetreten ist, konnte nicht eruiert werden.

Ein Hausratversicherer schickte einem Kunden nach einer Schadenregulierung einen Scheck zu. Überrascht war die Gesellschaft, als sie den Scheck wieder zurückbekam mit einem Kommentar des Kunden: »Anbei schicke ich Ihnen den Scheck zurück, weil er mir zu gering ist. Bitte setzen Sie eine Null hinter die Zahl. Dann werde ich ihn einlösen.«

Beim großen Münchner Hagelunwetter 1984 fuhr ein angeblich Geschädigter in den Hof einer großen Versicherung, um den Schaden ermitteln zu lassen. Sein Wagen war mit viereckigen Beulen übersät – allerdings mit Vertiefungen nach außen. Offensichtlich hatte er in die falsche Richtung gehämmert.

Das historische Herrenhaus eines großen Weinguts im italienischen Villafranca brannte lichterloh. Dem Besitzer waren bereits die Fluchtwege abgeschnitten. Draußen war die freiwillige Feuerwehr, doch es gab keinen Wasseranschluß für die Pumpen. Was tun?

Kurzerhand brachten die Feuerwehrleute ihre Schläuche an den Weinfässern an und löschten das Feuer mit dem reichlich vorhandenen Rebensaft. Wohlauf, aber völlig betrunken, wurde der Hausbesitzer gefunden.

Um eine Maus umzubringen, die den Teppich in seinem Auto angefressen hatte, legte ein Mann in Bologna ein Stück Karbid in eine Wasserschüssel und stellte diese in seinen verschlossenen Wagen. Die Überlegung: Die entstehenden Gase sollten der Maus, die bislang allen Fangmethoden getrotzt hatte, den Garaus machen. Das Gas explodierte und zerstörte das Auto, beschädigte die Garage schwer und zerbrach in der näheren Umgebung alle Fensterscheiben. Die Maus wurde nicht gefunden.

Eine Hausfrau aus Arkansas verklagte den Hersteller von Mirkowellenherden, weil ihre frischgebadete Katze das Trocknen im Herd beklagenswerterweise nicht überlebt hatte. Die Versicherung des Herstellers mußte zahlen, da das »Trocknen von lebenden Katzen im Mikrowellenherd« in der Betriebsanleitung nicht ausdrücklich verboten worden war.

Der Engländer Andrew Constantiniou ließ sich während Überseereisen 19-mal den Blinddarm »herausnehmen«. Dem Versicherungsschwindler gelang es, Operations- und Krankenhauskosten von insgesamt rund 25 000 DM zu kassieren, bis er gefaßt wurde. Seinen Blinddarm hat er immer noch.

Für den schwarzen Zwerghahn »Willi V.« ist die Welt wieder in Ordnung. Sein Züchter hat mit Hilfe seiner Rechtsschutzversicherung einen jahrelangen Rechtsstreit mit einem Nachbarn in dritter Instanz gewonnen. »Willi V.« darf unbeschwert krähen – allerdings muß er sich an die richterlichen Auflagen halten: Nie vor sechs und nie nach 22 Uhr, auf keinen Fall lauter als 50 Dezibel, gemessen 50 Zentimeter vor dem Fenster des Nachbarn.

Bei einem Autounfall konnte der eingeklemmte Fahrer nur durch große Anstrengungen befreit werden. In dem Unfallbericht an die Kfz-Versicherung las sich das so: »Dem Fahrer des Lastkraftwagens wurde beim Herausschleudern durch einen Balken der Kopf eingeklemmt. Dieser mußte abgesägt werden, damit er herausgezogen werden konnte.«

Während eines Gewitters schlug in Wien der Blitz in die Radioantenne eines geparkten Wagens. Der starke elektrische Stromstoß setzte den Starter in Tätigkeit. Da der erste Gang eingelegt war, setzte sich das Auto in Bewegung. Da auch die Räder stark eingeschlagen waren, brach der Geisterwagen aus der Parkreihe aus, überquerte die Straße und krachte an die gegenüberliegende Hausmauer.

Völlig betrunken kam ein 20jähriger Norweger nach Hause. Dabei verwechselte er die Wohnungstür, die unverschlossen war. Anstatt im Bett bei seiner Verlobten landete er bei einem fremden Liebespaar. Er zog sich aus und begann Sex-Spiele mit der Frau, die glaubte, er sei ihr Freund. Dieser wachte jedoch auf und schlug den Eindringling krankenhausreif.

Mr. Parker aus den USA hatte die Angewohnheit, in vornehmen Restaurants an irgendwelchen harten Gegenständen (die angeblich in Speisen waren) sich stets seinen vorderen Schneidezahn »abzubrechen«. Auf den guten Ruf ihrer Häuser bedacht, zahlten die jeweiligen Geschäftsleiter über ihre Versicherungen anstandslos: insgesamt rd. 300000 Mark. Der Schwindler wurde gefaßt, als er zweimal zum gleichen Zahnarzt ging, um ein ärztliches Attest zu erhalten.

Ein Angestellter aus dem pfälzischen Neustadt meldete seinen weißen Golf als gestohlen. Die Versicherung regulierte nach der üblichen Frist. Er suchte sich einen neuen Wagen des gleichen Typs. Als ihm ein roter Golf des gleichen Jahrgangs angeboten wurde, kaufte er ihn. Erst bei der Anmeldung fiel dem Schalterbeamten auf, daß der Angestellte als Vorbesitzer eingetragen war. Die Diebe hatten den Wagen nur umgespritzt.

Der Bankangestellte Peter S. in Kappeln/Schlei fiel aus allen Wolken: Eine 17jährige Kundin präsentierte ihm seinen eigenen Scheck zur Einlösung – als Vollmacht legte sie ihm seinen eigenen Führerschein vor. Schecks und Papiere waren dem Schalterbeamten in Kiel aus seinem Auto gestohlen worden. Trotz seiner Verblüffung behielt er die Fassung, alarmierte die Polizei, die die Siebzehnjährige in der Bank festnahm.

Als die Mutter zum Einkaufen ging, hatte ihr der siebenjährige Walter K. vom Balkon des 7. Stocks eines Nürnberger Hochhauses hinterhergeschaut. Er verlor das Gleichgewicht und stürzte 21 Meter tief auf den Rasen des Miethauses. Das Unglaubliche: Außer einem rechtsseitigen Oberschenkelbruch hatte er keine Verletzungen davongetragen.

Zwar schon lange her, aber Tatsache: In einer süddeutschen Kleinstadt feierte der Bürgermeister seinen 60. Geburtstag. Der Gemeinderat sann auf ein passendes Geschenk. Da machte einer den Vorschlag, man solle das alte und baufällige Anwesen des Bürgermeisters abbrennen, da es hoch versichert war. Für 100 DM wurde der Gemeindediener gewonnen. Er sollte am Morgen des Geburtstages Feuer legen. Tatsächlich brannte dann das Haus nieder. Die anrückende Feuerwehr löschte nicht, sondern verschaffte dem Feuer durch Einreißen der Wände Zugang zu allen Räumen. Es gab schließlich den erwünschten Totalschaden. Als der Gemeindediener seine 100 DM Belohnung kassieren wollte, fanden die Gemeinderäte, daß 30 DM für das Fallenlassen eines Streichholzes auch genug seien. Der empörte Gemeindediener schrieb an die zuständige Feuerversicherung. Und der Schwindel flog auf.

In die Frankfurter Christuskirche drangen Einbrecher durch den Heizungskeller ein. Sie rissen den elektrischen Schaltkasten auf, knipsten das Licht an, kamen jedoch dabei mit der Anlage in Berührung, die sonst das Glockgeläut startet. Unter dem Dröhnen der Kirchenglocken ergriffen die verhinderten Diebe panikartig die Flucht. Statt etwas mitzunehmen, ließen sie sogar noch etwas zurück: einen teuren Goldring!

Aus dem Straßburger Vergnügungspark brach ein Schimpanse aus, drang in die Küche des nächstbesten Restaurants ein, wo er einige Gläser Bier austrank. Im

Alkoholrausch stürzte er sich auf den Koch und biß diesem drei Finger ab. Der Koch wurde mit einem Rettungshubschrauber in die Uniklinik gebracht, wo die Chirurgen ihm die Finger wieder annähten. Der Besitzer des Vergnügungsparkes wurde haftpflichtig gemacht.

Ein gestohlener Papagei konnte nach drei Jahren wiedergefunden werden, weil er den Haushund wiedererkannt hatte. Eine Frau in Niort (Westfrankreich) hatte mit ihrem Hund in La Rochelle eine Tierhandlung besucht. Als sich der Hund einem Käfig näherte, krächzte ein Ara plötzlich: »Black, Black.« Es war der gestohlene Vogel.

Gerald Froge aus Plainsboro verklagte seinen Arzt, weil der ihm einen eingewachsenen Zehennagel entfernt hatte. »Ich wollte den Nagel behalten«, sagte der Patient vor Gericht. Er bekam 200000 DM Schmerzensgeld von dem Haftpflichtversicherer des Arztes.

Mr. und Mrs. Vanns aus dem US-Staat Indiana kamen abends heim und fanden ihre Wohnungstür aufgebrochen. Auf dem Couchtisch lag ein Zettel des Einbrechers: »Ihr seid wirklich arme Leute. Ich habe nur eine Cola-Dose mitgehen lassen. Wie soll sich da ein anständiger Einbrecher seinen Lebensunterhalt verdienen?«

Schadenmeldungen sollen umfassend, konkret und detailliert sein, damit sich die Versicherung ein richtiges Bild vom Hergang machen kann. Manche gehen indes zu sehr ins Detail. Ein Beispiel: »Am 24. 8. war ich mit meiner Braut im Nachbarkino. Auf der Rückfahrt mit meinem Motorrad wurde ich von einem entgegenkommenden Fahrzeug geblendet. Ich wußte aber nicht, was ich für ein Fahrzeug vor mir hatte. Im ersten Augenblick glaubte ich, ein Schaufenster vor mir zu haben. Ich bremste meine Maschine ab und kam ins Schleudern. Als ich sah, daß ich ein Lastauto vor mir hatte, bremste ich noch stärker und hierdurch kam ich mit meiner Braut zu Fall. Meine Braut geriet direkt unter das Fahrzeug. Ich wurde am Kopf und Rücken gestreift. Als ich aufstehen wollte, brach ich zusammen. Einige Zeit später kroch ich zurück auf die Fahrbahn, um nach meiner Braut zu sehen. Ich stellte fest, daß meine Braut unter dem linken Vorderrad lag. Ich wollte sie herausziehen, aber es ging nicht, da das linke Vorderrad auf dem linken Arm meiner Braut stand. Ich sagte zu dem Fahrer: ›Könnten Sie ein Stück zurückstoßen?‹ Jetzt sagte der Fahrer: ›Was ist denn eigentlich los?‹ Ich sagte zu ihm: ›Sie stehen mit dem linken Vorderrad auf dem linken Arm meiner Braut!‹ ›Ach so‹, sagte der Fahrer, ›das habe ich nicht gewußt‹ Dann fuhr er ein Stück zurück. Hiernach zog ich meine Braut heraus und brachte sie auf den Bürgersteig. Dort stellte ich fest, daß ihre Verletzungen Gott sei Dank nicht so schwer waren. Ich brachte sie dann zum nächsten Arzt.«

Ein Mechaniker einer Moskauer Taxigarage klagte seit Jahren über heftige Kopfschmerzen. Schließlich ging er zum Arzt. Der Mann wurde in eine Klinik überwiesen, der Chirurg operierte ihn und fand dabei heraus, daß ein Sonnenblumensamen sich im Gehörgang des Patienten festgesetzt und dort Wurzeln getrieben hatte.

Fast prosaische Erzählkunst bewies ein Versicherter, der einen Schadenfall im entsprechenden Formular so beschrieb: »Im Mai 1985 wurde von einem Tierarzt auf meinem Hof ein sehr wertvoller Hengst kastriert. Das Pferd wurde vom Tierarzt am Unterbauch abgetastet und die Kastration für den nächsten Tag anberaumt. Der Hengst wurde aus dem Stall geholt, bekam die Narkose und wurde dann auf die Seite gelegt. Es wurden die Beine gefesselt, der Unterbauch wurde gewaschen, ich hielt die Fesselstricke und mein Schwiegervater saß auf dem Hals, während meine Frau die Instrumente zureichen sollte. Als der erste Schnitt am Hodensack ausgeführt wurde, bäumte sich das Pferd mit aller Kraft auf, ich konnte die Fesselstricke kaum halten und mein Schwiegervater flog vom Hals, und zwar im hohen Bogen. Das Pferd gab Schmerzensschreie von sich. Ich sagte zum Tierarzt: ›Herr Dr., wir müssen Narkose nachreichen.‹ Antwort: ›Ach Quatsch, festhalten, der merkt nichts und macht das nur im Unterbewußtsein!‹ Als der nächste Hoden dran war, bäumte sich das Pferd wieder mit aller Kraft auf, und ich forderte erneut: ›Herr Dr., der braucht zusätzliche Narkose oder örtliche Betäubung.‹ Antwort: ›Festhalten, wehe es läßt einer los!‹ Mein Schwiegervater war wieder vom Hals des liegenden Pferdes geschleudert worden und machte eine Rolle rückwärts. So ging es, bis auch die Nebenhoden entfernt waren, und das Pferd war klatschnaß, als wenn es 3000 m vollen Gallopp gegangen war. Als die Narkose nach ca. 30 Minuten abklang, stand das Pferd taumelnd auf und es mußte, da es noch immer naß war, in den Stall geführt werden, auf ausdrückliche Anweisung des Tierarztes. Damit nicht genug, er verlangte vor Zeugen, daß das Pferd angebunden wird, daß es sich nicht hinlegt. Dagegen habe ich sofort Bedenken erhoben, da das Pferd noch benommen war und seine Sinne noch nicht geordnet hatte. Ich erhielt zur Antwort: ›Der bleibt angebunden, und wenn er das gewohnt ist, dann weiß er was los ist!‹ Ich mußte mich dieser Anordnung unterordnen, wenn ich auch nicht einverstanden war. Nach ca. 5 Minuten sagte der Tierarzt: ›So nun können wir uns alle entfernen, es ist alles in bester Ordnung, und da kann nichts mehr passieren.‹ Ich blieb aber noch wenige Minuten länger, rieb das Pferd trocken und ging erst aus dem Stall, als meine Frau mich in die Wohnung rief. Hastig trank ich eine Tasse Tee, und von innerer Unruhe getrieben ging ich wieder in den Stall. Schon auf der Stallgasse hörte ich aus der Box einen Mordskrach. Als ich die Tür öffnete, sah ich die Bescherung. Das Pferd saß angebunden, buchstäblich auf dem Hinterteil, und zerrte wie irre am Strick, um davon loszukommen. Halfter und Strick, welche sonst reißen, hielten dieser Anstrengung aber stand, und was nun unausweichlich passieren mußte, ist auch passiert. Die Bauchdecke im Bereich des Hodensacks ist durch die Pressung aufgerissen, und die Gedärme lagen zwischen seinen Hinterbeinen im Stroh. Ich machte das Pferd los und rannte zum Telefon; denn mehr konnte ich in dieser Situation selbst nicht machen. Der Tierarzt kam sofort und besah sich die schlimme Sache. Für mich war klar, daß das Pferd nicht mehr zu retten war. Ich sagte das auch dem Tierarzt und bat ihn, den Qualen ein Ende zu setzen. Antwort: ›Ach Quatsch, der bekommt jetzt eine Spritze, wird verladen und dann ab nach Hannover in die Pferdeklinik.‹ Das Pferd ließ ihn aber nicht mehr an sich ran, und so mußte das tobende Pferd ohne Beruhigungsspritze verladen werden. Der Arzt sagte noch: ›Sollte es schiefgehen, ich bin gut versichert!‹ Und es ging schief ...«

Es gibt auch andere, die einen Schadenfall kurz und lakonisch beschreiben. Beispiele: »Ich nahm das Frühstück auf dem Klo ein, dabei zerbrach der Klodeckel.« – »Der Passant verschwand wortlos unter meinem Wagen.« – »Ich warf den Aschenbecher nach meiner Frau und traf leider das Fenster, jetzt will sich meine Frau scheiden lassen.« – »Sie sah mich, verlor den Kopf und wir stießen zusammen.«

Ein italienischer Gastarbeiter in Frankfurt steckte seine stark verschmutzte Kleidung in die Waschmaschine. In der irrigen Meinung, daß Benzin alles reinigt, schüttete er beim zweiten Waschgang etwa einen Liter davon in die Waschlauge. Es bildete sich ein Gemisch, das durch einen überspringenden Funken explodierte. Die Waschmaschine wurde zerrissen, alle Fensterscheiben zerplatzten, mehrere auf der Straße parkende Autos wurden beschädigt. Der Mann kam mit leichten Verbrennungen davon.

Die Theater-Ausfallversicherung kam für die geplatzte Aufführung einer Londoner Kunstbühne auf. Die Vorstellung mußte ausfallen, weil der Hauptdarsteller vor dem Theater einem Besucher die Absicht des Stückes erklären wollte. Erst wurde lebhaft diskutiert, dann verbal attackiert, zum Schluß gab es eine regelrechte Prügelei, in der der Besucher den Darsteller mit einem gezielten Kinnhaken niederstreckte. Aus dem k. o. wachte der Mime erst Stunden später im Krankenhaus wieder auf.

Parkhauswächter Ludwig P. aus München kassierte 85mal bei Versicherungen für Reparaturen an einer Rolltorschiene, die ein Stück in die enge Fahrbahn hineinragte und häufig von Kunden angefahren wurde. Obwohl die billige Halterung meistens von Mitarbeitern gerichtet wurde, kassierte er insgesamt 30000 DM.

Rio de Janeiro: Ein Fußgänger beobachtete einige Packer, die das Umzugsgut einer Luxus-Villa in einen Möbelwagen luden. Eine Alltagsszene. Doch der Spaziergänger alarmierte die Polizei. Und die Beamten entlarvten die als Transporteure getarnten Einbrecher. Der Fußgänger lakonisch zur Polizei: »Ich bin selber Möbelpacker und weiß, daß bei uns so schnell nicht gearbeitet wird!«

Eine 14jährige Göre überfiel in Hamburg eine Sparkasse. Mit einem Gasrevolver bewaffnet, fuchtelte sie vor dem Schalterbeamten herum, der wohl oder übel 10000 DM herausrückte, nachdem sie ihm einen Zettel hingeschoben hatte: »Dies ist ein Überfall, alles Geld in die Tüte. Keiner rührt sich. Schnell!« Nach kurzer Zeit wurde Deutschlands jüngste Bankräuberin gefaßt.

Ein Verkaufsleiter aus Starnberg verspürte Appetit auf eine Schweinshaxe. Mit einem Beil wollte er das Stück für den Grill präparieren. Da, ein Schmerzensschrei, und er hatte sich den Daumen glatt abgetrennt. Der herbeigerufene Notarzt tröstete ihn: »Halb so schlimm, den kann man wieder annähen!« Doch der Daumen war verschwunden. Alle suchten eifrig. Sogar die Polizei durchkämmte das ganze Haus. Umsonst! Die Hauskatze hatte den Daumen ihres Herrn gefressen. Beweis: das Röntgenbild des Katzenmagens.

Paderborner Feuerwehrleute entdeckten bei einer Übung auf einem Truppenübungsplatz zufällig einen halb vergrabenen Tresor. Der Geldschrank war perfekt aufgeschweißt worden. Aber: Im Innern fanden die Feuerwehrleute noch 20000 DM, die die Gangster offensichtlich übersehen hatten. Der Tresor war aus einem nahegelegenen Betrieb gestohlen und Polizei und Versicherung gemeldet worden.

Die Haftpflichtversicherung eines namhaften Hotels zahlte einem Taxifahrer 65 000 DM Schmerzensgeld, weil ihm der falsche Zimmerschlüssel gegeben wurde. Als er in »sein« Zimmer ging, stand dort eine nackte Frau – ruckartig drehte er sich um und verletzte sich an der Bandscheibe, was später noch eine Operation nach sich zog.

Die Freundin war zu Besuch. Der Hausherr hatte zum Fondue-Essen eingeladen. Fleisch und Beilagen waren bereitgestellt, der Spirituskocher war bereits in Betrieb. Das Fett war jedoch noch nicht heiß genug, um das Fleisch zu garen. Die so entstandene Wartezeit wurde mit sehr zwischenmenschlichen Beziehungen überbrückt. Im Eifer des Gefechts verirrten sich die Füße der beiden in der Tischdecke. Das hatte zur Folge, daß der Spirituskocher mitsamt dem warmen Fett umkippte, die Tischdecke in Brand setzte. Das Liebespaar hatte alle Hände voll zu tun, das sich schnell ausbreitende Feuer zu löschen.

Ein 17jähriger unter Epilepsie leidender Amerikaner arbeitete mit einem Traktor, der eine Mähmaschine zog. Plötzlich erlitt er auf dem Fahrzeug einen Anfall, fiel vom Traktor, wurde von der Mähmaschine überrollt und schwer verletzt. Im Prozeß machte er erfolgreich geltend, der Hersteller des Traktors habe es unterlassen, das Fahrzeug mit Sicherheitsgurten auszustatten, die sein Herunterfallen verhindert hätten. Dem Unfallopfer wurde eine Summe von 2,35 Millionen Dollar Schadenersatz zugesprochen.

In einem Hamburger Maschinenbauunternehmen wollte ein Arbeiter das Einsteigloch am Fuße einer Treppe schließen. Während er nach einem Schutzgitter suchte, fiel ein anderer Arbeiter in das Loch. Auf sein Rufen hin eilten zwei Kollegen zu Hilfe – und fielen ebenfalls hinein. Der Unfallschutzbeauftragte des Werkes wurde alarmiert, nahm, als er die Treppe hinunterlief, mehrere Stufen auf einmal, stolperte und landete auf den Hilferufenden im Schacht. Alle wurden jedoch nur leicht verletzt.

Kein Versicherungsfall: In Coventry (England) wollte der dreizehnjährige Sohn seinen Eltern einen Gefallen tun und räumte das Gartenhaus auf. Dabei fand er eine Milchkanne, die er mit anderem Gerümpel auf den Müll warf. In der Kanne waren 12 000 Pfund versteckt, die sich die Familie als eiserne Reserve zugelegt hatte. Zwei Tage durchsuchten die Eltern die städtische Müllkippe – vergeblich.

Im westfälischen Siegen saß ein Handwerksmeister an seinem Schreibtisch, als ein 27jähriger Autofahrer die Hauswand zu seinem Arbeitszimmer durchbrach und erst kurz vor seinem Schreibtisch zum Stehen kam. Alle Beteiligten kamen mit dem Schreck davon, das Häuschen indes mußte abgerissen werden.

Die Londoner Polizei forderte Mr. John Ronney auf, mit seinem uralten Auto vor dem Streifenwagen herzufahren. Man glaubte nicht, daß die Bremsanlage funktionierte. Mr. Ronney trat auf die Bremse, stand auf der Stelle – und der Polizeiwagen knallte in seinen Kofferraum.

In München startete mitten in der Nacht ein Porsche 928 von seinem Parkplatz, fuhr über die Straße, streifte zwei Autos und krachte an die gegenüberliegende Hausmauer. Ein Hausmeister beobachtete den Vorfall, eilte zu dem Auto und wollte dem Fahrer helfen. Doch von dem fehlte jede Spur. Der Hausmeister, stocknüchtern, glaubte an Hexerei. Des Rätsels Lösung: Ein Marder hatte sichs unter der Motorhaube bequem gemacht und das Zündkabel angeknabbert. Durch einen Kurzschluß sprang der Wagen an und setzte sich in Bewegung – der erste Gang war eingelegt. Gesamtschaden: 15 000 DM.

In Norddeutschland flog ein Heißluftballon über einen Bauernhof. Dabei geriet eine Sau derartig in Panik, daß sie einen Herzinfarkt erlitt und vom Bauern notgeschlachtet werden mußte. Die Haftpflichtversicherung des Ballonfahrers ersetzte den Schaden.

In einer Hamburger Nachtbar fand in einem aufblasbaren Kinderplanschbecken eine Damen-Schlammschlacht statt. Eine der unbekleideten Damen umarmte einen Zuschauer, der daraufhin voller Torfschlamm war. Er hob zur Gaudi der anderen Gäste die Nackte hoch und ließ sie in das Schlammbecken plumpsen. Dabei zog sich die Dame Verletzungen am Po zu und ging zum Kadi.

Kann ein junges Mädchen ein Auto hochheben? Das muß sich der zuständige Sachbearbeiter verwundert gefragt haben, als er folgende Unfallmeldung las: »Meine Tochter Wiebke saß am 3. 7. um 18.30 Uhr auf dem Rasen des Sportplatzes im Schneidersitz. Es näherte sich ein Audi mit Fahrer und zwei weiteren Insassen, der »zum Scherz« kurz vor ihr bremsen wollte. Das gelang auf dem nassen Rasen nicht. Der Wagen rollte über meine Tochter, die sich sofort hingelegt hatte, vom Kopf bis zum Po. Meine Tochter hob mit ihrem Rücken das Auto, um nicht erdrückt zu werden. Eine entsprechende Delle kann man am Auto sehen. Anschließend fuhr das Auto noch einmal über sie hinweg. Sie wurde sofort in die Unfall-Chirurgie gefahren, wo sie bis zum 7. 7. blieb. Bei allen Untersuchungen wurden keinerlei Schäden festgestellt. Sie hat allerdings starke Prellungen und Abschürfungen im Rückenbereich.«

Im Ausland stirbt sich's leichter, dachte ein junges Ehepaar in Großbritannien. Der Mann, ein Inder, schloß eine hohe Lebensversicherung ab und begünstigte seine englische Frau. Danach reisten beide in die Heimat des Mannes, wo der versicherte Ehemann plötzlich »verstarb«. Die Witwe kehrte mit ordnungsgemäß ausgestellter Sterbeurkunde aus dem fernen Indien zurück und kassierte die Versicherungssumme von mehr als einer halben Million DM. Bis dahin verlief alles nach Plan. Nicht berücksichtigt hatte der »verstorbene« Inder, daß seine Witwe den Verlockungen des Geldes und des süßen Lebens in Großbritannien nicht genügend Widerstandskraft entgegenzusetzen vermochte. Sie blieb in ihrer Heimat und ließ sich auch durch beschwörende Briefe ihres Mannes nicht mehr zur Rückkehr bewegen. Die Eifersucht des Inders war schließlich größer als seine Furcht vor Bestrafung. Der amtlich für tot Erklärte reiste nach England, machte seiner Frau eine Szene und ließ den Versicherungsschwindel auffliegen. Weil er sich selbst angezeigt hatte, erhielt der betrogene Betrüger eine Gefängnisstrafe von nur einem Jahr, die lustige Witwe hingegen mußte für zwei Jahre hinter Gitter.

Ihren Spaß hatte eine Hyäne, die sich im Badezimmer eines Hauses im südafrikanischen Sakuza einschloß. Das Tier hatte sich in das Haus eingeschlichen, während die Bewohner abwesend waren. Ihren 24stündigen Aufenthalt nutzte sie, um die Vorhänge herunter- und den Medizinschrank von der Wand zu reißen, den Toilettensitz zu zerschmettern und die Handtuchhalter zu beschädigen. Außerdem hatte das Tier in den Rasierschaum- und Deodorantbehälter gebissen. Zum Schluß drehte die Hyäne die Dusche auf und überflutete das Haus.

»Schmerzensgeld für Leichengeruch?« Wie hat wohl die Versicherungsgesellschaft geantwortet, als sie folgende Anfrage las: »Habe per 1. Dez. 82 ein Zimmer mit Toilette, Mini-Waschbecken, kein Warmwasser, gemietet. Heizung fiel des öfteren aus. Mußte in dem Zimmer kochen und schlafen, aber die Wohnungsnot ist groß. Mußte teilweise 2 Heizplatten anstellen, wenn es kalt wurde, aber das alles war noch zu ertragen, mit viel Pflege und Sauberkeit. Als dann aber einen Meter vor meinem Zimmer eine Leiche stand, unverschlossen und ungekühlt 8 Tage lang, packte mich doch der Ekel, zumal angeblich eine Genehmigung vorlag, es roch noch nach Tagen. Meine Frage: Müssen Tote in Friedhöfen oder unter Kühlung lt. Bestattergesetz gestellt werden? Oder darf es sein, vor einer Wohnung Tote nicht verschlossen aufzubewahren, 8 Tage lang? Kann ich Schmerzensgeld verlangen? Von wem?«

Ein südafrikanischer Geschäftsmann, Besitzer eines Wildtier-Reservats, hatte seinen Hubschrauber in der Nähe seines Hauses nach einer Panne stehengelassen. Als er am nächsten Morgen den Schaden reparieren wollte, staunte er: Fünf Jung-Elefanten waren zuerst dagewesen. Sie hatten bei ihrem Spielzeug die Scheiben eingedrückt, den Rotor abgerissen und waren auf dem Heck herumgetrampelt.

Ein Libanese hatte sich wegen des Diebstahls von 33 Uhren aus einem Kaufhaus zu verantworten. Als der Richter aus den Akten zitierte und den Namen eines mutmaßlichen an der Tat beteiligten Landsmannes verlas, den die Polizei noch nicht festnehmen konnte, stand dieser im Zuhörersaal auf und rief: »Ja, hier.« Daraufhin forderte ihn der Amtsrichter höflich, aber bestimmt auf, seinen Platz auf der Zuhörerbank zu räumen und mit auf der Anklagebank Platz zu nehmen.

Unbekannte drangen in Hongkong in die Wohnung von Li Kuan-Ha ein, fesselten dessen Frau und ein Dienstmädchen und räumten das Appartement aus. Li Kuan-Ha ist Polizeipräsident von Hongkong.

Eine hautnah packende Kurzschilderung gab diese Versicherungskundin: »Muttern wird 50. Also zieht man die Kinder schick an, dreht sich die Haare auf, backt Kuchen. Alles läuft friedlich ab. Man freut sich. Doch plötzlich erblicken die Augen meiner Tochter Omas hübsche (recht empfindliche) Spieluhr. ›Nur mal gucken‹ war noch ihr Ausspruch, dann landete die Spieluhr auf dem Boden: Arm ab, Bein ab, Kopf ab. Oma schimpft, Mutter schreit, Kind heult, Opa flüchtet ...«

Die Unglücksserie des gut versicherten Franzosen B. Acheriaux begann mit einer Hochwasserkatastrophe. Die Fluten der Loire vernichteten seinen Waldbesitz. Einige Zeit später fegte ein Sturmwind sein Hausdach weg. Im Keller verübte kurz darauf ein Lebensmüder Selbstmord. Das dabei benutzte Sprengstoffmaterial verfehlte nicht seine schadenstiftende Wirkung. Dann ging es Schlag auf Schlag: Beim Umzug ließen die Mitarbeiter der Speditionsfirma seinen wertvollen Billardtisch fallen. Seine Betonmischmaschine wurde von einem Autofahrer zu Schrott gefahren. Acheriaux Autos wurden mehrmals gestohlen. Enorme Blechschäden gab es bei drei Zusammenstößen, die sich jeweils auf der gleichen Kreuzung ereignet hatten. Ein mit Bausteinen beladener Lastwagen geriet in einer Kurve ins Schleudern, dessen Fracht fiel auf sein Auto. Trotz aller Rückschläge hat Acheriaux, der schon als Rugbyspieler 14 Knochenbrüche erlitt, nie seinen Humor verloren …